Roland Ender

Geheimrat * oder Konteradmiral *

Roland Ender
Geheimrat * oder Konteradmiral *

Als Statist in Adlershof ...
abgewickelt auf Ministerialebene

Randbemerkungen
einschließlich
hauptsächlichster
Nebensächlichkeiten
als
Tele- und Lebens- Visionen
eines
heiteren
Thüringers

Re Di Roma-Verlag

Bibliografische Information durch
Die Deutsche Bibliothek:
Die Deutsche Bibliothek verzeichnet diese Publikation in der Deutschen Nationalbibliografie; detaillierte bibliografische Daten sind im Internet über http://dnb.ddb.de abrufbar.

ISBN 978-3-940450-35-7

www.rediroma-verlag.de
10,70 Euro (D)

Inhaltsverzeichnis

Im Haustheater des erfolgreichsten Bühnenautors aller Zeiten

Am 1. Mai 1997 stand ich auf der Bühne des wieder errichteten Shakespeareschen „Globe Theatre" am Themseufer in London. Zirka zweihundert Meter vom originalen Standort entfernt wurde das Haustheater des großen Engländers fast originalgetreu nach vier Jahrhunderten wieder aufgebaut. Sein Landsmann und Schriftstellerkollege Ben Jonson hatte 1623 mit seiner Prophezeiung über den Dramatiker Recht: „He was not on an age, but for all time". (Manche Sätze klingen im Original einfach besser). Das Theater ist ein in der Mitte offener, strohbedeckter weißer Rundbau mit 1 500 Stehplätzen unter freiem Himmel und 1 000 Sitzplätzen auf Balkonen in drei Etagen übereinander. Obwohl Handwerker noch hämmerten und sägten, war man solidarisch mit den hohen Eintrittspreisen der anderen Londoner Touristenattraktionen und verlangte für die „Besichtigung der Baustelle" pro Person fünf Pfund, und in der englischen Hauptstadt war die Temperatur auf nachweisbar 73° Grad Fahrenheit gestiegen.

Im 16. Jahrhundert durften die Zuschauer während der Vorstellung essen und trinken und bei miserablen Schauspielerleistungen Obst und Gemüse auf die Bühne werfen. Essen und Trinken ist auch heute wieder erlaubt, nicht gestattet ist das Werfen von Colaflaschen und Bierdosen in Richtung Bretter, die die Welt bedeuten... es verstößt gegen die Arbeitsvorschriften am Theater.

Laurence Oliviers Sohn Richard brachte dann als offizielle Eröffnungsvorstellung Shakespeares Fünften Heinrich auf die Bühne, den der Dramatiker im Geburtsjahr des ursprünglichen Globe geschrieben hatte.

Um Spielstätten für unsere Fernsehlustspiele „auszukundschaften", habe ich während meiner aktiven DDR-Fernsehzeit als Produktionsleiter viele Theaterbühnen in Augenschein genommen, nach London hätte man mich weder als Tourist geschweige denn ... die Beantragung einer Dienstreise für einen normalen nicht NSW (nicht sozialistisches Währungsgebiet) -tauglichen Fernsehmitarbeiter ins damals noch als kapitalistisch eingestufte London löste immer die im Adlershofer Gelände gängige Formel aus: Morgen früh um acht bei Adameck: Abgabe des Dienstausweises, eine versteckte Umschreibung für größte Schwierigkeiten. Vorsichtshalber habe ich mir dann doch lieber zum Beispiel das Kleist-Theater in Frankfurt/Oder, das Goethe-Theater in Bad Lauchstädt, das Reuter-Theater in Güstrow oder auch das Kulturhaus in Zinnowitz angeschaut. Shakespeare lässt in seinem „Heinrich IV." Falstaf sagen: „Das bessere Teil der Tapferkeit ist Vorsicht."

Ach ja, Heinz Adameck war der Chef des Fernsehens oder unkompliziert ausgedrückt, der Vorsitzende des Staatlichen Komitees für Fernsehen beim Ministerrat der DDR.

Im Übrigen hatte ich keinerlei Schwierigkeiten mit dem TV-Kombinatsleiter, denn bis zur Wende habe ich die Maxime beherzigt: Der Intendant sagt seine Meinung und ich sage seine Meinung.

Als Endfünfziger, 1938 in der Lauschaer Straße in Steinach im Thüringer Wald geboren, seit 1939 Sonneberger, kamen mir auf den historischen englischen Bühnenbrettern, auf denen Shakespeare selbst als Schauspieler aufgetreten ist und wo zum ersten Mal Hamlets berühmte Worte gefallen sind: "To be, or not to be, that is the question", folgende von der Ergriffenheit des kleinen Mannes geprägte Gedanken: Ganz schief kann das Leben bisher nicht gelaufen sein, sonst würde ich nicht hier stehen. Und neben mir meine Frau Ina, eine echte Berliner Pflanze, und mein Sohn Peter, der 1,86 Meter Körpergröße misst, obwohl seine Mutter noch bis zu seinem 14. Lebensjahr mit merkwürdigem Unterton prophezeite, dass er auch nicht größer werden würde als sein untersetzter Vater (1,71). (Meine Frau hatte am Internationalen Frauentag des Jahres 1971 der besten aller Hebammenwahrheiten nicht ganz vertraut: "Die unauffälligsten Babys werden die kräftigsten.")

Und als es mir bei diesem Englandbesuch noch am selben Tag in Stradford upon Avon gelungen war, eine ziemlich streng dreinschauende Aufsichtskraft in Shakespeares Geburtshaus beim Anfassen und scheinbar Kaufenwollens einer Originaltruhe aus dem 16. Jahrhundert mit dem britischen Flohmarktspruch: „What's your best price on this?" zum Lachen zu bringen, entschloss ich mich, obwohl weder Star noch Sternchen, sondern nur Randfigürchen, folgerichtig eine Art Randnotizen inklusive hauptsächlichster Nebensächlichkeiten zu den letzten sechs Jahrzehnten, nach respektvoller Auszeit und genügendem Abstand zwischen Shakespeares Geburtsort und Berlin-Friedrichshain, langsam aber sicher auf recycelfähigem Papier festzuhalten, um sie mit Erreichen des Rentenalters in Ruhe schwarz auf weiß lesen zu können, immer eingedenk des wunderbaren Zynikers Mark Twain: „Als ich jünger war, konnte ich mich an alles erinnern, egal, ob es tatsächlich passiert war oder nicht.”

Vom 'Sumbarcher Schwarza-Beern-Kuchn' bis zur Fahrt durchs Brandenburger Tor

Ich habe ein Kind gezeugt, einen (mindestens 30 Bäume) Baum gepflanzt und ein Häuschen gebaut und die neuerdings geforderte vierte Bedingung erfüllt: Mit dem eigenen Fahrzeug durchs Brandenburger Tor gefahren. Nachdem ich diese wichtigen Dinge in meinem Leben erfüllt hatte, war es mit 65 soweit: Die Randnotizen lagen vor, es hat Spaß gemacht.

Beim Schreiben wurden viele Erinnerungen wachgerufen, scheinbar nur unbedeutende, aber irgendwie machten sie auch glücklich, oft hat man ihren Wert erst Jahrzehnte später richtig wahrgenommen. Ich hatte kein Tagebuch geführt, konnte nur auf ein paar Notizen in Arbeitsbüchern, Kalendern und auf Privatdokumente zurückgreifen. Aber was im Laufe von sechs Jahrzehnten nicht im Gedächtnis haften geblieben ist, was nie wieder und in keiner Form eine Erinnerung ausgelöst hat, wird wahrscheinlich auch uninteressant gewesen sein.

Ich erzähle auch nicht den Schmarren, dass Freunde mich händeringend gebeten hätten, diese aufregenden Jahre in einem sehr persönlichen und so ehrlichen Büchlein zu verewigen, nach dem Motto: "Petra, du schaffst es, Roland, du gehst nie unter."

Und, ich habe auch nicht versucht, die Klischeekiste zu öffnen, geschweige denn eine Abrechnung unter Leugnung der Realität zu präsentieren, wobei sicherlich auch Verdrängungsmechanismen gewirkt haben.

Es lag mir fern, in irgendeiner Weise zu beschönigen und zu verteufeln oder im Nachhinein die Vergangenheit zu korrigieren. Das Pro und Kontra, das man verteilen kann, ist natürlich rein subjektiv.

Ich habe keine Ambitionen, mein Leben und meine Arbeit in Adlershof, Grünau, Johannisthal und unzähligen Drehorten so zurechtzubiegen, dass sie synchron werden mit meinen Ansichten. Fehlinterpretationen und Missverständnisse, wenn sie sich auf Personen beziehen, gehen natürlich zu meinen Lasten.

Als optimistischer Humanist und ehemaliger freundlicher Fernsehmitarbeiter hatte ich natürlich auch nicht die Bedenken des charismatischen österreichischen Schauspielers Oscar Werner: „Ich schreib' kein Buch, i müßt zu viel Leut kränken."

Wahr ist natürlich auch: "Wer in Wut gerät, dem kommen manchmal die schlimmsten Gedanken."

Man kann es drehen und wenden wie man will, die DDR als 133. Mitglied der Vereinten Nationen ist untergegangen. Der Staat, der nach SED - Politbüroangaben unter die zehn erfolgreichsten Industrienationen der Welt eingereiht wurde, ist verschwunden und die 190 Länder, die hinter dem Arbeiter- und Bauernstaat rangierten, bestehen mehr oder weniger immer noch.

Das Leben in der DDR ist nur in allen abgestuften Farbtönen zu erfassen, schwarz - weiß zu malen, ist schlicht und einfach falsch, zumal das Leben weder schwarz noch weiß noch grau war. Das ist keine Nostalgie und schon gar keine Ostalgie. Fragen nach dem Alltag in der DDR haben oft den Beigeschmack, dass merkwürdige Menschen in diesem merkwürdigem Staat gelebt haben, von dem angeblich nur der Grüne Pfeil und das Sandmännchen übrig geblieben sind. Offiziell ist diesen Einschätzungen nicht beizukommen, zumal auch oft Totschlagargumente ins Feld geführt werden.

Wer, wenn nicht die Bewohner selbst, sollten und könnten eine (ihre) Antwort auf diese Frage geben und wenn es auch nur ein winziger Beitrag wäre. Ich lasse mir auch von penetranten Besserwissern nicht vorschreiben wie ich mein Leben einzuschätzen habe. Weder Aufarbeitungskommissionen noch Paraanalytiker, geschweige denn wütende Antikommunisten können eine der vielen persönlichen Wahrheiten wiedergeben. Ich habe in der DDR gelebt und gearbeitet, und diese Randnotizen sind meine eigene Handschrift.

Natürlich haben in den letzten Jahren einige unserer Reichsten, Schönsten und am besten Gekämmtesten von Film, Fernsehen und künstlichem Glatteis ihre Memoiren stylen und aufpeppen lassen mit dem ach so ehrlichen Slogan „Wie es wirklich war". Wer diese Erinnerungen gelesen hat, weiß, dass die Vergangenheit sich tatsächlich verändern lässt.

Sie haben sich ihre, eigentlich Authentizität erforderlichen persönlichen Bekenntnisse, von Ghostwritern zu Recht zimmern und sozusagen das eigene Leben erzählen lassen. Gegen die vielen selbstkritischen, originellen und höchst vergnüglichen Lebensbetrachtungen anderer Zeitgenossen verblassen diese Erinnerungen schnell.

Selbstverständlich kann jeder über die DDR sprechen, auch wer sie nicht erlebt hat und selbstverständlich konnte von einer heilen Welt keine Rede sein. Die traurigen Momente im Auf und Ab des Lebens gab es natürlich, aber ich erinnere mich mit besonderer Vorliebe an die heiteren, lustigen und komischen Dinge des Lebens, meine Natur ist so und die drei Jahrzehnte Fernseharbeit als Produktionsleiter, Autor und auf redaktionellem und dramaturgischem Gebiet im Bereich der Fernsehunterhaltung inklusive der Heiteren Dramatik waren hauptsächlich dem lachenden Teil der Maske gewidmet, wobei mir auch das Glück zur Seite stand. Ich habe jahrzehntelang "lustige Leute" vor und hinter und auf der Fernsehbühne in mehr oder weniger lustigen Stücken oder zumindest komisch gemeinten Sendungen live erlebt und dabei viel geschmunzelt und gelacht.

Die Basis für unseren DDR-Humor stützte sich selbstverständlich nicht auf Mark Twains Behauptung: „Vom Leben nichts zu erwarten ist das Geheimnis aller echten Heiterkeit." Ich habe es mit der optimistischen Einstellung der Japaner gehalten: „Die Lebensspanne bleibt die gleiche, ob man sie weinend oder lachend verbringt."

Ich gebe nichts auf Kartenlegerinnen, die bei abnehmendem Mond im Kaffeesatz lesen, fest steht aber, dass ich als im Sternzeichen der Waage geborener Erdenbürger ein Mann des Ausgleichs bin. Grollende Rückblicke können es also nicht geworden sein, es sind Beobachtungen und Momentaufnahmen von solchen und solchen Mitstreitern und Vorgesetzten, von freundlichen Kollegen und sich unbeobachtet fühlenden Zeitgenossen. Das kann ja heiter werden, sagt man bekanntlich wenn es ernst wird.

Ein kleines Licht kann natürlich nicht mit Sensationen aufwarten, aber „etwas ist immer" sagte schon Kurt Tucholsky. Als professioneller, aber unauffälliger „Zaungast" konnte ich viele Schauspieler beobachten, gute und sehr gute, auch eine Menge Vorstadtconférenciers, phantasievolle künstlerische Mitarbeiter und eine Vielzahl, mit 100 atü aufgeblasene Wichtigtuer mit und ohne Charakter und... viele, viele richtige Menschen.

Mein Sohn Peter, den ich oft buchstäblich „einschleuste" oder auch offiziell zu Proben und Aufzeichnungen mitnahm, wunderte sich von Anfang an über die Lautstärke beziehungsweise die großen und grotesken Gesten dieses besonderen mit Geniestreichen angereicherten Typus „bedeutender Fernsehschaffender". Mir fiel immer nur die Erklärung ein, dass es viele wichtige Mitarbeiter im Lande gibt, aber die allerwichtigsten Mitarbeiter sind die Fernsehmitarbeiter.

Diese Feststellung ist im Vergleich zur heutigen scheinauthentischen Fernsehglitzerwelt mit ihrem klatschsüchtigen Voyeurismus und ihrer unsäglichen Enthüllungsprostitution für Körper und Geist natürlich harmlos, wenn man bedenkt wie viele Selbstdarsteller mit dem gewissen Nichts auf den Kanälen herumirren und wie viele Schießbudenfiguren mit ihrem gespensterhaften Anhang in einer Art Spektakelkultur sich als Seifenoperpersonal selbst inszenieren. Geldeliten und Glamour-Existenzen bevölkern den Bildschirm, sie sollen angeblich die hohen Quoten bringen.

Man ist heute schon für jeden „richtigen, lebendigen Menschen" im Fernsehen dankbar, der sich zwischen den vielen prominenten Plastikmenschen behaupten kann.

Dass ich trotzdem viele Stunden vor dem Fernseher verbringe, ist wunderbaren Schauspielern, Entertainern, Witzbolden, Journalisten, Sportlern und Tierfilmern zu verdanken. Bis heute habe ich mir die Naivität behalten, die mich im Theater, im Kino und im Fernsehsessel alles voll erleben lässt.

Peter wollte nicht nur über das Film- und Fernsehpersonal aufgeklärt werden, er wollte auch genau wissen, was an einem D r e h t a g eigentlich g e d r e h t würde. Ich konnte ihm dann an Hand von Fotos und lebenden Bildern von agierenden Stummfilmkameraleuten plausibel erklären, dass normalerweise weder linke noch krumme Dinge gedreht werden, sondern der Begriff genau aus der Zeit stammt, als der Film in der Kamera tatsächlich noch mit der Handkurbel w e i t e r g e d r e h t wurde.

Mit prägnanter Klarheit treten Bilder aus meiner Kindheit und Jugend immer deutlicher hervor, selbst ein blitzartiges Zurückholen ist möglich. Ich habe diese (Alters-) Erscheinung schon bei meiner Mutter mit Erstaunen registriert. Ja selbst Speisen kann man wieder auf der Zunge schmecken und die damit verbundenen Personen und Ereignisse kehren zurück. Immer öfters gelingt es mir, den wunderbaren, mit Hefeteig gebackenen „Schwarza-Beern-Kuchn" meiner Mutter oder die Sumbarcher Spezialität "Dädsch un Birn" (in ausgelassenem Speck dünn und knusprig gebratener geriebener Kartoffelbrei mit Birnen) aus Sonneberger Jugendzeit auf der Zunge zergehen zu lassen. Den Käse- und Mohnkuchen meiner Tante Grete aus Lichte im Thüringer Wald genieße ich heute noch.

Der Geschmack meiner geliebten Thüringer Bratwurst war mir all die Jahrzehnte gegenwärtig, beim ersten Bissen habe ich alle nachgemachten oder verfälschten so genannten „Thüringer Rostbratwürste" in deutschen Landen dingfest machen können.

Die Erinnerung spielt einem natürlich Streiche, aber ich habe keine tatsächlichen Begebenheiten vorsätzlich erfunden, auch nicht aus der Hand der ältesten Dorfbewohnerin gelesen oder Nachrichten aus dem Jenseits in der Kristallkugel entdeckt.

Wahr ist jedoch, dass ich einige Namen vergessen will, vielleicht ist das das Beste was man tun kann. Da kein Mensch unfehlbar ist, kann es natürlich im Einzelfall möglich sein, dass ich manches so oft gehört oder erzählt bekommen habe, dass ich zum Schluss dem verständlichen Irrtum unterlag und mir einredete, es selbst erlebt zu haben. Nicht zutreffend ist allerdings der Erinnerungssatz Karl Valentins: „Ich weiß nicht mehr genau, war es gestern, oder war's im vierten Stock oben."

Der Titel des Buches ist vielleicht zu lang, nicht ganz korrekt ist, dass ich Statist war, denn es gab keine in der DDR, es gab nur „unsere Menschen", dazu zählten auch die vielen kleinen Rädchen... Ich war also ein unbedeutender Teil eines Mechanismus der von hochstapelnden Thesen und Thesenträgern in Gang gehalten wurde.

Bei uns standen auch keine Statisten in den Kulissen, sondern so genannte Kleindarsteller wuselten durch die Dekoration, irrten am Drehort umher oder wurden von Assistenten eingewiesen, furchtbar traurig oder hellauf begeistert zu sein.

Korrekt am Buchtitel ist allerdings die Ministerialebene. Laut Schreiben der Bundesanstalt für Angestellte vom 2. Juli 1996 habe ich genau auf dieser Ebene gearbeitet, zumindest solange wie sie dunklen Kräften die Möglichkeit bot, Staatsnähe zu konstruieren und somit die zukünftige Rente zu kürzen.

Ehrlich gesagt, Ministerialdirigent als Titel hätte mir gar nicht gefallen, Geheimrat *oder Konteradmiral * wäre mir lieber gewesen. (siehe Titelblatt.)

Übrigens, nach Aufhebung der Rentenbeschränkungen wurde ich von der Ministerialebene heruntergeschubst und wieder in die Kategorie: "Kleines Rädchen" eingestuft, und da bin ich heute noch.

Bei Heinz Rühmann las ich die Empfehlung, immer die Person zu bleiben, die man ist. Das möchte ich hiermit tun und um Verständnis dafür bitten, dass ich bei meiner Vorliebe für kluge Sätze von genialen Köpfen nach der Devise handle: "Besser gut gelesen als schlecht erfunden." Böse Zungen behaupten allerdings: "Wer etwas zitieren kann, hat zumindest etwas gelesen." Viele versuchen Mark Twain, Goethe oder auch Pater Brown verschämt zwischen ihre Zeilen zu streuen, ich mache es gern offiziell. Die Kopie ist wirklich die ehrlichste Form des Kompliments. Es wäre schade und auch nicht im Interesse dieser geistreichen Personen, wenn ihre Schätze brach liegen würden.

In aller Bescheidenheit, meine guten Absichten in diesem Buch unterliegen natürlich den selbstkritischen Worten Somerset Maughams: „Ich schreibe nicht, wie ich möchte, ich schreibe wie ich kann."

Sumbarch - mei Städtla am Wold

Nach der Zählung vom 16. Juni 1925 hatte Sonneberg 19 157 Einwohner. Der „Führer durch Stadt und Kreis Sonneberg" von 1927 beschreibt die Einwohner dieser Gegend folgendermaßen: „Zum Staate Thüringen gehört der Kreis Sonneberg, doch seine Bewohner sind durchaus fränkischen Stammes. Derb und polternd klingt dem Fremden hier die Mundart, wie die des benachbarten Oberfrankens. Sie hat viele dumpfe Gaumen = a im Inlaut und helle a in der häufig gebrauchten Verkleinerungssilbe la. Die Endung e wird oft weggelassen. Bei keiner festlichen Veranstaltung fehlen die Bratwürste, die meist im Freien auf dem Rost über Holzkohlenfeuer gebraten und mit der Semmel aus der Hand gegessen werden. Sie verzehrt man namentlich an dem in fast allen größeren Orten abgehaltenen mehrtägigen Vogelschießen in kaum glaublichen Mengen. Wie der Alpenbewohner liebt der Wäldler seine Berge und Wälder und besingt sie in seinen Liedern, durchstreift sie, im Sommer Beeren, Pilze und Brennholz suchend, am Sonntag auch wohl auf ihren blumigen Matten und Aussichtspunkten rastend. Im Winter durchwandert er seine Heimat auf Schneeschuhen." Es ist tatsächlich so, dass im Sonneberger Land die Mundart fest verwurzelt ist, man sollte sie bewahren, denn sie macht viele Dinge „erlebbarer" als es das Hochdeutsche vermag. Ein Sonneberger Leibgericht, Klöße von rohen Kartoffeln, schildert Hermann Pistor in seinem Heimatgedicht:

Sumbarcher Arpfelsklüeß

Wos is, uf dös de Sumbarcher
Die ganza Woch sich frät?
Wos is, wunouch ar in de Främ
Sich doch am mörschten säht ?
Wos is'n Weiberna ihr Schtolz ?
Ich will dös Ratsl lües,
Dös is es besta uf de Walt,
Sumbarcher Arpfelsklüeß.

Sonneberger Land war natürlich immer Spielwarenland. Schon zu Beginn des 19. Jahrhunderts nannte ein Geheimer Hofrat Trinius Sonneberg die ... „größte Spielzeugschachtel der Welt. Was überhaupt nur Kinderherzen aufjubeln machen kann, wird in tausendfacher Gestaltung hergestellt, hier und in zahlreichen nachbarlichen Waldorten. Wenn irgendwo der Weihnachtsmann seine Schatzkammer besitzt, er hat sie sicherlich hierher in dieses Waldtal verlegt, an dessen Ausgang sich Sonneberg immer staatlicher aufbaut. Alle Weltmessen reden von seinem Ruhme. In Kinderherzen aber hat sich Sonneberg ein bleibendes Denkmal gesetzt."

Im Sonneberger Land bin ich also aufgewachsen, wo man sich mit „Servus" oder „Diene(r)" grüßte. „Unner Sumbarch heitzedouch" kann zwar keine Weltspielwarenstadt mehr werden, aber eine Spielwarenstadt könnte auch eine Zukunft haben.

Ein bekanntes Phänomen bemerkte ich nach vielen Lebensjahrzehnten: Die Jahre vom Bub bis zum Rentner sind eine lange Zeit, aber unwahrscheinlich schnell kann man als Sechzigjähriger zur Kindheit und Jugend zurückschalten. Es ist mehr als erstaunlich, wie viele Kindheits- und Jugenderinnerungen tatsächlich im Gehirn gespeichert sind... aber alles ordnet sich Goethes Weisheit unter: "Freilich erfahren wir erst im Alter, was uns in der Jugend begegnete."

Anfang April 1945, wenige Tage vor Kriegsende, stand ich in Grüntal, auf der letzten Straße, bevor Sonneberg direkt in den Thüringer Wald „mündet", als die SS 467 Häftlinge des KZ Buchenwald, Außenkommando Sonneberg, in einem Todesmarsch vom Zahnradwerk in Sonneberg-West Richtung Steinach trieb.

Ich konnte diese Geschehnisse logischerweise nicht einordnen, obwohl der Krieg und seine Auswirkungen uns Kindern nicht fremd waren. Deutlich ist mir jedoch vor Augen geblieben, dass unerschrockene Sonneberger diesen ausgehungerten Menschen Brot zusteckten, obwohl sie wussten, dass diese die „Volksgemeinschaft zersetzenden Handlungen" mit dem sofortigen Erschießen bestraft werden konnten. Hut ab vor diesen „Sumbarchern". Nach heutigen Erkenntnissen sollen nur 50 Menschen dieses Martyrium überstanden haben, einige haben nicht einmal Steinach mehr erlebt.

Die Erinnerung an diesen Tag wird für mich zwangsläufig wach gehalten, da eine der Gedenktafeln an einem Skiwanderweg steht und ich jahrzehntelang diesen Ort in den Ferien oder während des Urlaubs auf Skiern passierte.

Nicht aus dem Gedächtnis gehen mir die zielmarkierenden „Christbäume" der englischen Bombenflieger am Himmel über Sonneberg. Gott sei Dank waren es nur wenige Angriffe, größtenteils auf das Gelände des

Sonneberger Bahnhofs. Trotz bedauernswerter Verluste an Menschenleben war Sonneberg noch glimpflich davongekommen.

Ich erinnere mich noch genau, dass wir uns am 10. oder 11. April, also unmittelbar vor dem Einmarsch der Amerikaner, auf dem Stadt- beziehungsweise Schleifenberg vorübergehend in Sicherheit gebracht hatten, da Panzeralarm ausgelöst wurde und von Sprengungen die Rede war. Als wir wieder ins Tal gingen, kamen uns die in letzter Sekunde zusammen getrommelten und jetzt flüchtenden Volkssturmsoldaten in langen Unterhosen entgegen. Sie versuchten umsonst Reißaus zu nehmen. Amerikanische Spähtrupps hatten sie schnell wieder eingefangen, mein sieben Jahre älterer Bruder Heinz versuchte mit seinen bescheidenen Englischkenntnissen irgendwelche Auskünfte zu geben.

Tausendmal wurde später die Frage gestellt, was diese älteren, schlecht ausgebildeten Zivilisten noch bewirken sollten. Sie standen von Anfang an auf verlorenem Posten, ein aussichtsloses Unterfangen forderte in letzter Minute sinnlose Opfer.

Die letzten Durchhaltefaschisten, oder waren es nicht eher verirrte und verängstigte Figuren, bauten an einer schmalen Stelle der Oberen Marktstraße, ein paar Meter vor unserem Haus mit der Nummer 27, eine Panzersperre aus Rundhölzern. Man hätte auch Seidenpapier aufspannen können, um die amerikanischen Panzer aufhalten zu wollen, so irrsinnig und witzlos war diese Maßnahme.

Noch bevor die ersten Panzer von Forschengereuth, über das Grüntal kommend, diese Sperre erreichten, hatten sie vernünftige Sonneberger, unter ihnen „de Hufnagelschorsch" und „de Pfutschenbernhard", mit „de Ziehsäch" beseitigt.

Wir hatten uns mit einer weißen „Betttuchfahne" ergeben und beobachteten vom Fenster aus, wie die amerikanischen Panzer durch die obere Stadt rollten. Ich sah zum ersten Mal farbige Menschen im Original, "live" würde man sicherlich heute sagen. Sie saßen auf ihren Panzern und winkten zusammen mit ihren weißen Kameraden der Bevölkerung zu, besonders dem weiblichen Geschlecht.

Ihr überraschend freundlich zu nennendes Verhalten hatte sicherlich dazu beigetragen, dass die verständliche Angst relativ schnell gewichen war. Sie waren die ersten Soldaten in Sonneberg, leider blieben sie nicht.

Natürlich gab es Durchhaltefaschisten, die sich nicht über alle Thüringer Berge machten, sondern durch die Linder Tiefebene westwärts flüchteten und den Endsieg vorsichtshalber ihren letzten Chargen überließen.

Aber es gab auch Nibelungentreue und preußisches Offiziersverständnis bis in den Tod. Der als Standortkommandant eingesetzte Offizier zur Verteidigung der Stadt soll tatsächlich, als schon lange alles verloren war, entgegen jeglicher Logik und „Kriegsführung", die Grenzen der tragischen Lächerlichkeit weit überschreitend, sich im Gebiet der Walderholung mit einer Panzerfaust auf der Schulter der amerikanischen Panzertruppe entgegengestellt und dabei den „Heldentod" gefunden haben.

Nachweisbar hatten die Amerikaner von Forschengereuth aus, in einer Art „noblen Geste", über eine noch intakte Telefonleitung viermal in Sonneberg angerufen und die bedingungslose Übergabe gefordert. Am 12. April wird dann die Stadt im Prinzip kampflos übergeben. Die Amerikaner blieben bis Anfang Juli, dann kamen die Russen.

Die Amerikaner verabschiedeten sich mit Schokolade aus Sonneberg. Sie fuhren mit ihren Jeeps in den Thüringer Wald und kippten am Schustershieb im heutigen Naturschutzgebiet Röthengrund Kartons und Kisten aus, genau neben der Wiese von Georg Hufnagel, wo meine Mutter Heu machte und ich im vorbeifließenden Flüsschen Röthen herumplantschte. Wir näherten uns vorsichtig den Gott sei Dank oder auch bewusst nicht restlos geleerten Kartons... ja, wir fanden tatsächlich Blockschokolade, die letzte für viele Jahre.

Was die Russen anbelangt, wurde ich erst 1949 „verhaftet"... In der Müß bei Höhnbach, auf einer Wiese zwischen den Fronten spielten die Sonneberger gegen die Neustädter Fußball, 2:0 für Sumbarch lautete das Ergebnis. Nach dem Spiel ging ich mit einigen Freunden nicht gleich zurück in die Sowjetische Besatzungszone, sondern guckte mich in Neustadt bei Coburg ein bisschen um. Auf dem Rückweg wurden wir hinter Meilschnitz von den Russen aufgeschnappt und in einem Keller eines von der Besatzungsmacht beschlagnahmten Hauses am Oberlinder Hügel festgehalten. Wir Kinder wurden nach kurzer Zeit wieder freigelassen. Es war meine letzte "Westreise", Neustadt konnte ich für eine E-wigkeit nur von den Bergen des Thüringer Waldes aus beobachten. Erst 40 Jahre später sollte ich den oberfränkischen Ort wieder betreten können. Im Glücksgefühl und irgendwie dankbar lief ich die kurze Entfernung von Sonneberg nach Neustadt bei Coburg per pedes zu meiner Cousine Gisela und ihrer Familie. Bei meiner Einreise ins "imperialistische Deutschland" am 8.12.1989 wurde mein DDR-Ausweis noch abgestempelt, beim Passieren des geöffneten "antifaschistischen Schutzwalls Richtung Arbeiter- und Bauernstaat" wollte der Grenzer scheinbar nichts mehr mit der Stempelei zu haben und winkte mich Richtung Sonneberg weiter.

Buchstäblich immer wenn ich in Sonneberg an der Coburger Straße Nummer 30 vorbei kam, musste ich daran denken, dass ich in diesem Haus Zahnarzt Roth in den Daumen gebissen hatte, und es ist tatsächlich nach über 50 Jahren so, als würde ich ihn vor mir sehen, mit seinem hochroten Kopf, kein Wort sagend, sich etwas beruhigend, als meine Mutter mich kopfschüttelnd auf "gut sumbarcherisch" ermahnte: „Ha Roland, du bist nir däb ?!"

Ich weiß nicht mehr, ob der Verzweiflungsbiss der Grund war, warum wir zu Zahnarzt Wandsleb in die Bahnhofsstraße gewechselt sind, aber es war ein Segen, denn er begann seine Arbeit angesichts der blassen Kindergesichter prinzipiell mit dem zumindest vorübergehend tröstenden Satz: „Du brauchst keine Angst zu haben, wenn's weh' tut, hör' ich sofort auf."

Kein gutes Zureden, kein Trost, kein Zeigen auf lustig spielende Leidensgenossen konnte mein fürchterliches Heulen unterbrechen oder gar beenden und mich bewegen, auch nur einen Tag im herrlich gelegenen Kindergarten am Unteren Drehweg zu verbringen. Meine Mutter nahm mich wieder mit nach Hause.

Meinen Vater habe ich 1943 ein letztes Mal im Regensburger Lazarett gesehen. Nicht aus den Augen gehen mir die Bilder der unendlichen Trauer meiner Mutter, als wir erfuhren, dass mein Vater, ihr Ehemann Willy nicht aus dem Krieg zurückkehren wird... offiziell galt er als vermisst. Kinder sind Gott sei Dank nur kurze Zeit traurig.

Erst in späteren Jahren wurde mir der Verlust des Vaters so richtig bewusst und meine Trauer. Mutter war ungeheuer stolz auf ihren Mann, sie hat jahrelang auf seine Rückkehr gehofft, es war eine Liebe fürs ganze Leben.

Woran lag es, dass ich meine Kindheit in guter Erinnerung bewahrt habe, trotz Nachkriegszeit? Sicherlich war es die Fürsorge, um nicht zu sagen, die Aufopferung der Mutter. Eine Frau mit zwei Kindern, unmittelbar nach dem Krieg... ich erinnere mich an Igelittschuhe, aber meine Mutter hat es tatsächlich ermöglicht, dass ich eines Tages richtige Fußballschuhe und auch Spikes besaß. Es gelang ihr immer wieder Lebensmittel heranzuschaffen, sei es durch Tausch oder Verscherbeln der letzten Habseligkeiten bei den Bauern oder im Grenzgang nach Bayern, oft war sie die einzige Frau, die sich in einer Gruppe von Männern nachts über das Grenzgebiet des Isaakberges nach Neustadt und zurück schlich. Wie in allen schlimmen Zeiten waren die Frauen die eigentlichen "Helden" nach dem Krieg.

Es war die Zeit des „Schwarza-Beern-Sammelns un Gegen-Brot-Tauschens", die Zeit des „Nei die Schwamma gens", der „Hiftenmarmelada" und des „Himbeernsammelns". Nur Kenner wissen, dass frisch gepflückte Himbeeren mit der gleichen Menge Zucker unter ständigem Umrühren gekocht, ohne irgendwelche Zusätze, im Endeffekt eine Marmelade ergeben, deren Aroma alles andere auf diesem Gebiet in den Schatten stellt.

In bescheidenem Umfang hatte ich auch immer etwas Taschengeld, denn mein sieben Jahre älterer Bruder Heinz war schon mit sechsundzwanzig Jahren Friseurmeister und in seinen Hosentaschen klimperten viele Trinkgeldmünzen.

Die Winter waren damals wahrscheinlich noch Winter. Das Rodeln auf dem Anstaltsberg und im Berlagrund und das Schlittenbobfahren auf „de alten Neufiger Stroß" sind unvergessen. Wie oft bin ich per Ski zur Wiefelsburg, einem zentralen Punkt auf den Höhen des Thüringer Waldes bei Steinach oder nach Steinheid gefahren. Sonnenuntergänge, bei denen die Schneekristalle rötlich gefärbt waren, bleiben mir ewig im Gedächtnis.

Es war aber auch das "Sich-Austoben-Können" in den Bergen, in Wald und Flur, das Spielen auf der Straße und in der Strohscheune, das Sitzen auf dem Heuwagen oder dem Gaul vom Hufnagel Schorsch. Meine Mutter half immer bei der Heuernte und Emmi Hufnagel gab ihr fast jeden Abend einen Topf Ziegenmilch für mich mit. Ziegenmilch, die ja so gesund sein soll und sicherlich auch war, denn über 50 Jahre später antwortete ich auf die Frage meiner Zahnärztin: „Wieso haben Sie nach sechs Jahrzehnten ihre '32 Originalzähne' noch?" wahrheitsgemäß: ... von der "Hufnagelschen Ziegenmilch".

Wir waren damals Straßenkinder im guten Sinne des Wortes, wir konnten noch mitten auf der Straße „zwirbeln" (mit einer kleinen selbst gefertigten Peitsche einen hölzernen Kreisel antreiben) und spielen, Fußball, Kopfball, mit zunehmenden Alter auch Skat und Doppelkopf. Fußballspielen wurde dann eine Leidenschaft von mir. Fritz Walters Name drang bis in den „Langeschgarten", unserem Fußballplatz in der Oberen Marktstraße.

Mein letztes „offizielles" Fußballspiel absolvierte ich dann 1963 als Student der Filmhochschule auf dem Sportplatz in Babelsberg als linker Läufer. Das klingt alles etwas hochtrabend, hat aber großen Spaß gemacht, zumal sich unser Sportlehrer Beeck sehr engagierte. Mitspieler waren zum Beispiel der spätere DEFA-Regisseur Roland Oehme und Janos Gyarmati, später ebenfalls im DDR-Fernsehen tätig. Er hatte Fußballerblut in den Adern, denn sein Vater trainierte einstmals die DDR-Auswahl.

Das Spielen der Kinder und Jugendlichen auf den Straßen in Sonneberg, zumal in der oberen Stadt, stellte damals noch kein Verkehrsproblem dar. Ich erinnere mich an insgesamt drei Autos, das der Stadtreinigung, der Polizei und des „Adlers" vom Schreiber Willi, den er lange Zeit erfolgreich in seiner Scheune unter vielen Doppelzentnern Heu vor den Russen verstecken konnte. In diesem Fahrzeug, es hatte noch richtige Fahrtrichtungsanzeiger, durfte ich meine erste Autofahrt in einem Personenkraftwagen erleben, es war wie das erste Mal fliegen.

Nein, es war schöner, denn 1965, bei meinem allerersten Flug überhaupt, dröhnten mir von Berlin bis Erfurt in der sowjetischen Propellermaschine AN-2 entsetzlich die Ohren Es war zwar nicht die Flugbereitschaft Adlershof, sondern die Interflug, das damalige Luftverkehrsunternehmen der DDR, aber es war tatsächlich ein Dienstflug als Mitarbeiter des Deutschen Fernsehfunks.

Noch im Kriegsjahr 1944 wurde ich in die Bürgerschule eingeschult und nach der Absolvierung mehrerer bescheidener Vorstufen des heutigen Pisatestes hatte Lehrer Eichhorn meiner Mutter in dieser schlimmen Zeit etwas Freude mit der Bemerkung bereitet, dass Schulanfänger Roland ein aufgeweckter und lebhafter Schüler sei.

Mein Denkspruch bei der Einsegnung in der evangelisch-lutherischen Stadtkirche St. Peter zu Sonneberg am 6. April 1952 lautete: „Darum, wer sich lässet dünken, er stehe, mag wohl zusehen, dass er nicht falle" (1. Kor. 10.12).

Bis zum Dreieinigkeitsfest am 26. Mai 2002 war ich nicht gefallen, denn ich empfing als "Goldener Konfirmand" an diesem Tag in der Evangelischen Stadtkirche in Sonneberg das Abendmahl. Eine überaus erfreuliche und interessante Erfahrung nach all den Sozialismus - und Globalisierungsstrategien.

Und auch für die Zukunft besteht viel Hoffnung, denn bei einem äußerst angenehmen Gespräch mit dem "diensthabenden Pfarrer", dem ich meine Bitte vortrug, die Diamantene Konfirmation 2012 miterleben zu dürfen, sagte er mir wörtlich: "Das wünsche ich ihnen sehr."

Aus den 50-er Jahren ist mir Pfarrer Arnold mit seinem kahlen Kopf noch in guter Erinnerung, er trank beim „Keitels Max" immer seinen Doppelten...und im „weltlichen Bereich" die Grundschullehrer Frau Wicklein, Herr Malsch und unser Klassenlehrer Herr Karl, dem wir einen Eimer voll „schwarza Beern" bei der Ankunft seines Nachwuchses schenkten.

Die Berge rund um Sonneberg waren unser „Zuhause", wir mussten keine Cola-Büchsen mit ins Gelände nehmen, um den Durst zu löschen, es waren die Jahre, in denen wir literweise im Berlagrund das Bergwasser tranken.

Apropos Wasser, in unserer Wohnung in der Oberen Mühlgasse 12 gab es kein fließendes Wasser. Aus einem Rohr, das buchstäblich in den Berg gesteckt war, wurde das Wasser im Eimer aufgefangen und in die Wohnung getragen. Der Verantwortliche der Wasserwerke garantierte den Bewohnern nicht nur die Qualität und die Reinheit des Wassers, er prophezeite uns auch, dass wir nie mehr so gutes Wasser trinken würden, selbst wenn es aus goldenen Hähnen käme, und der Mann hatte Recht. „Ich sage ja zu deutschem Wasser", zu keiner Zeit hätte der Spruch besser gepasst.

Ich sehe mich heute noch wie damals als Schüler in dieser Wohnung am Küchenfenster stehen, das Ohr am Radio, denn der RIAS war nur mit starken atmosphärischen Schwankungen inklusive Störsender zu empfangen. Ich wusste zu diesem Zeitpunkt noch nichts von meinem Schicksal, dass ich Berlin sehr bald ohne, mit und dann wieder ohne Mauer erleben würde, nur die Erkennungsmelodie der Insulaner ging mir nicht mehr aus dem Gedächtnis: „Der Insulaner hofft unbeirrt, dass seine Insel wieder' n schönes Festland wird."

Eine weitere verbotene Handlung unter Schülern war gang und gäbe. Wir tauschten untereinander diese merkwürdigen dünnen Schmöker... Tom Mix und ähnliche. Vielleicht waren diese als „Schundliteratur" eingestuften Heftchen so harmlos, weil es für uns im wirklichen Leben, verglichen mit den heutigen zum Teil unerträglichen Zuständen, praktisch keine Kriminalität gab. Angst hatte ich damals in dieser Hinsicht überhaupt nicht. Diese Feststellung ist umso bemerkenswerter, weil ich kein Draufgängertyp war, mehr ein schüchterner Bursche. Elfriede, Gisela und Christel werden dies bestimmt nach Jahrzehnten noch bestätigen können und origineller als Karl Valentin kann man es nicht ausdrücken: "Mögen hätte ich schon wollen, aber dürfen hab' ich mich nicht getraut."

Statist ist ja eigentlich ein Begriff aus der Theater-, Film- und Fernsehwelt, er gilt natürlich auch für bescheidenere Kunstausübungen. Meinen ersten künstlerischen Auftritt hatte ich in der Aula der Bürgerschule am Unteren Marktplatz in Sonneberg, wo ich in einer Schüleraufführung über die Tiere des Waldes einen stummen Tannenbaum spielte. Meine Rolle war als „erster Baum" festgeschrieben, denn ich durfte mit einem zum Himmel gehobenen Tannenzweig als erster die Bühnenbretter betreten. Noch heute beneide ich meinen Mitschüler Paul Greußel, der die wundervolle Rolle eines sprechenden Käfers gestalten konnte, mit dem verbürgten Satz: „Wer den ganzen Tag über Holz gebohrt hat, dem schmeckt das Essen." Für eine Sprechrolle war mein fränkischer Dialekt wahrscheinlich so stark, dass eine künstlerische Verallgemeinerung und Ausdeutung im Hochdeutschen nur begrenzt möglich war. „Dou kamme fei nex gemach, socht de Sumbarcher."

Unabhängig aller wissenschaftlichen Deutungen und Auslegungen hat sich im Sonneberger Land das Fränkische/Itzgründische in seiner wunderbaren sprachlichen Eigenheit erhalten. Zu einem unerträglichen Menschen "Maahlsaufn", zu einer jungen Ziege "Hebbela", zu Kartoffelbrei "Zahmet", zu Schnittlauch "Gruserich", zu Preißelbeeren "Höllbela" und zu einer Gemüsesuppe "Schniedla" zu sagen, das macht uns keiner nach. Die Bescheidenheit und der Witz der Bewohner dieses Landstriches gipfeln natürlich in der philosophischen Lebensmaxime: Die Sumbarcher senn zefriedn mit nex.

An der Filmhochschule sollte ich zu Beginn des Studiums Sprechunterricht nehmen, weil zwanzig Jahre Dialekt sich nur Silbe für Silbe auflösten. 1960 hatte ich Sonneberg „verlassen", aber bis heute macht es mehr als Spaß in der „alten Heimat" Dialekt zu sprechen, der ja eigentlich die Quelle neuer Wortschöpfungen und eigenwilligen Humors ist.

Und so wurde mir noch nie in meinen 58 Lebensjahren eine so originelle Begrüßung zu teil wie bei der Feier zum 40-jährigen Abitur in Sonneberg am 5. 10.1996. Ein Mitschüler rief bei meinem Anblick in "unnere Sprouch" verwundert aus: „Ha, soach amol, du bist nir dös kleena Enderla von de übern Stoadt, du bist doch gewachsen, Jong."

Bei dieser Gelegenheit blieb mir auch der vielbeachtete Vorschlag meines ehemaligen Sonneberger Mitschülers Hermann Seidel in Erinnerung, der seinen 58-jährigen Mitstreitern den Vorschlag unterbreitete, sich in Zukunft nicht mehr alle vierzig, sondern mindestens alle zwanzig Jahre zu treffen.

Romy Schneider im „Weißen Flieder", Gérard Philipe in der „Kartause von Parma" und Johannes Heesters im Theater am Kurfürstendamm

Am Anfang des Jahrhunderts bezeichnete man die ersten größeren Kinos als Unions-Theater (U.T.), und ein solches befand sich in der Oberen Marktstraße, und es wurde zu meinem Stammkino. Als diese Kinos nach dem Kriege wieder spielten, wurde ich einer ihrer eifrigsten Besucher, aber auch im "Bavaria" in der Bahnhofsstraße oder in den "Kammerlichtspielen" in der Gustav-König-Straße war ich Stammgast. Sei es wie es war, die Kinowelt hatte mich in ihren Bann geschlagen, die Häufigkeit meiner Kinobesuche nahm beängstigend zu. Diese glanzvolle und bizarre Filmwelt stand in einem solchen krassen Verhältnis zu unserem mehr als bescheidenen Leben, dass sie wahrscheinlich deshalb diese Faszination ausüben konnte. Ich empfand Film irgendwie als Phänomen, ich wurde allmählich filmhörig. Auf den vorderen billigen Plätzen, der „Rasierloge", hatte ich viele Filme bis zu zehnmal besucht und ihren Inhalt „analysiert". Oft spann ich den Handlungsfaden weiter oder bog ihn in einer Art Kinder- und Jugenddramaturgie zurecht, ich wollte mich vor allen Dingen mit dem oft traurigen Schicksal der Helden am Schluss eines Films nicht zufrieden geben und habe zu Hause überlegt, wie es zum Happyend hätte kommen können. Ungern habe ich ein trauriges Filmende in Kauf genommen, die späteren drei Jahrzehnte „heiterer Fernseharbeit" hatten scheinbar ihre Schatten vorausgeworfen.

Allmählich begann ich „wissenschaftlich" zu arbeiten, ich sammelte Filmprogramme und studierte den „Filmspiegel“. Die Brüder Edelmann, die bei der Post in Sonneberg arbeiteten, machten ihrem Familiennamen alle Ehre. Sie organisierten mir die einzige und schwer zu bekommende Filmzeitschrift im Osten Deutschlands, zumindest in unserer Ecke an der bayerischen Grenze. Ich habe zwar die großen Tragödienspieler irgendwie bewundert, aber wenn zum Beispiel Oscar Sima, Rudolf Platte, Hubert von Meyerinck oder Richard Romanowsky auf der Leinwand erschienen, konnte ich mich köstlich amüsieren. Der Hang zum „Lustigen” sollte mich nie mehr verlassen. Hunderte von Namen aus der Filmwelt speicherten sich allmählich im meinem Gehirn, einige wurden nie mehr gelöscht. Hans Moser, Paul Hörbiger, Heinz Rühmann und und und ...und zum ersten Mal sah ich Johannes Heesters auf der Leinwand.

Fünfzig Jahre später, an meinem 58. Geburtstag, erlebte ich ihn im Theater am Kurfürstendamm anlässlich seines 75-jährigen Bühnenjubiläums in Curth Flatows Stück „Ein gesegnetes Alter" direkt, live und noch sehr lebendig. Und das schönste, er gehört zu den Schauspielern, die man von vornherein mag, weil man sie in- und auswendig kennt. 1946 konnte ich Heesters für 65 Pfennige auf der Leinwand in Sonneberg erleben und 1996 kostete die Theaterkarte am Kudamm 47,80 DM.

Moser, Rühmann, Hörbiger, Froebe, Platte waren natürlich nur die eine Seite, eine heitere Seite, wie die Namen belegen. Ungemein fasziniert war ich als 15-Jähriger vom Zauber der gleichaltrigen Romy Schneider im "Weißen Flieder". In meinem Kalender von 1953 stand: Romy Schneider - ein Gedicht, nach dem aussagekräftigen Vergleich... wie ein Gedicht. Und noch ein „Gedicht" ist unvergessen: Gérard Philipe... dieser französische Mime hatte mich damals in der „Kartause von Parma" zu innerlichen Begeisterungsstürmen hingerissen, nicht umsonst wurden ihm in Japan Blumen gestreut.

Natürlich wurde er auch in seinem Heimatland verehrt, während meiner Studienzeit hatte ich mehrere französische Briefpartner, eine Studentin aus Avignon schilderte mir damals die Verehrung in seiner Geburtsstadt. In diesem Zusammenhang darf nicht unerwähnt bleiben, dass eines der vierzehn Kinder der Familie Matthieu aus Avignon Mireille heißt, und sie mochte nachweisbar diesen Schauspieler sehr. Gérard Philipe war oft der Sieger und strahlende Liebhaber. Welche Kräfte das Gehirn eines verschmähten Liebhabers freisetzt, das demonstrierte unvergleichlich ein Ereignis in Sonneberg, an das ich mich ganz genau erinnere.

Wir wohnten im zweiten Stock in der Oberen Mühlgasse 12, unter uns logierte die Hauswirtin mit ihrer Tochter, die die Haustür verschloss und dem, der sie begehrte, somit den Zutritt zu ihrem Kämmerlein verwehrte.

Im Prinzip wurde in der oberen Stadt damals nur mit Holz geheizt, so dass vor dem Haus Brennholz in verschiedenen Variationen lag. Nachdem der ungestüme Liebhaber, zusätzlich angefeuert durch Alkohol, die inzwischen demolierte Haustür trotz Gewaltanwendung nicht öffnen konnte, brach er sich bereitliegende Äste (Strähest) handlich zurecht und zerschlug in einem fast eine Stunde dauernden Wutanfall die Fensterscheiben des Hauses und verbreitete so etwas wie Angst und Schrecken.

Im Hause befanden sich nur Frauen und Kinder und der ältere Herr Gundermann, der sich dann über den am Berghang befindlichen Hinterausgang schlich und die Polizei verständigte.

Für die Bewohner der Nachbarhäuser war es sicherlich ein aufregende Abwechslung und ein selten gelungenes Schauspiel, das vielleicht noch ein bisschen länger hätte dauern können.

Start: Sonneberg Hauptbahnhof

Nach dem Krieg, bis weit in die 50er Jahre hinein, gab es buchstäblich nichts, keine Ersatzteile, kein Baumaterial, die Liste ist lang... vom täglichen Essen ganz zu schweigen.

Die Reichsbahn fuhr die Strecke Sonneberg Hauptbahnhof, Sonneberg-Ost, Sonneberg-Nord, Hüttengrund, Blechhammer... bis Saalfeld.

Die Bahnstation Blechhammer (Hammerwerke vergangener Jahrhunderte gaben den Namen) ist der „Tatort" eines originellen, derben Tatsachen-Witzes, den meine Mutter in diesen schweren Zeiten „erlebt" hat und den ich bis heute nicht vergessen habe. Eisenbahn ging damals in dieser Gegend so: Der Zug hielt mit einem Ruck und der Diensthabende des jeweiligen Bahnhofs schrie laut den Namen der Bahnstation in fränkischer Mundart: „Bläch hamme" (diese Dialektversion hieße ins Hochdeutsche übersetzt "Blech haben wir"). Ein Fahrgast im Abteil meiner Mutter, der am Fenster stand, schrie dem Eisenbahner laut entgegen: „Orsch hamme". Eindeutig wäre die hochdeutsche Übersetzung.

Berlin ist immer eine Reise wert

1951 begann für mich praktisch der sporadische Pendelverkehr zwischen Sonneberg und Berlin, ab dem Jahre 1960 der regelmäßige zwischen Berlin und Sonneberg. Im August 1951 betrat ich zum ersten Mal Berlin, eine lange Bahnreise im Güterwaggon lag hinter mir, bei guter Verpflegung war sie trotzdem kurzweilig, wir waren Teilnehmer der III. Weltfestspiele der Jugend und Studenten. Für mich als 13-Jährigen aus der Provinz waren die Tage in der Pionierrepublik „Ernst Thälmann" in der Wuhlheide und in den Straßen von Berlin die große weite Welt. Das Schlafen im Zelt war nur die Fortsetzung unserer „Zeltnächte" in der Sonneberger Heimat. In Erinnerung geblieben ist mir natürlich die zufällige Begegnung mit Max Reimann, dem Vorsitzenden der Kommunistischen Partei Deutschlands, vor der Freilichtbühne in der Wuhlheide. Das kurze Gespräch nebst Autogramm konnte ich insofern ins Gedächtnis zurückrufen, da Reimann genau wissen wollte, wo wir herkommen, und als wir Thüringen und Sonneberg nannten, hatte er sofort das richtige Stichworte parat: Weltspielwarenstadt. Und so wurde ja Sonneberg auch tatsächlich einst genannt.

Nach der "großen weiten (Berlin-) Welt" hatte ich in Sonneberg das letzte Grundschuljahr erfolgreich in Angriff genommen und am Ende stand die Aufnahme in die Hermann-Pistor-Oberschule. Der Namenspatron wurde 1875 in Sonneberg geboren, damals Herzogtum Sachsen-Meiningen. Hermann Pistor war Mathematiker und Physiker und erwarb sich große Verdienste auf dem Gebiet der Augenoptik.

Schon 1953 streifte ich das sozialistische Berlin zum zweiten Mal und wieder kam es zu einer denkwürdigen Begegnung. Eine Klassenfahrt der 9 A der Oberschule Sonneberg zur Ostsee wurde auf der Rückreise in der Hauptstadt der DDR unterbrochen. Wir besuchten das Sowjetische Ehrenmal in Treptow und in der Stalinallee das Denkmal des Genossen, dessen „Herz niemals müde wurde und dessen Blut auch im tiefsten Schlaf rauschte", so jedenfalls schrieb Erich Weinert in seinem Gedicht über den Führer des Weltproletariats. Ich habe nur noch die verkürzte Volksfassung, eine Art heutiger Fernsehtrailer in Erinnerung: „Im Kreml brennt noch Licht, Stalin raucht Machorka."

Wobei wir Sonneberger Schüler historisch gesehen noch Glück hatten, denn es dauerte nicht mehr lange und es gab keine Stalinallee mehr. Der degradierte Generalissimus, Heilsbringer, Vater aller Werktätigen und

Weiterentwickler des Marxismus-Leninismus wurde eingeschmolzen und aus dem Bronzeguss entstanden Skulpturen für den Tierpark in Friedrichsfelde.

Für die noch in Äonen fortdauernde prognostizierte Heldenverehrung (Johannes R. Becher: ... „und Stalin, Stalin heißt das Glück der Welt.") der lorbeerumkränzten Lichtgestalt passt nur das Wort: gespenstisch.

Aber auch wir „kleinen Lichter" hatten schon zu diesem Zeitpunkt gelernt, die marxistische Feder zu führen und so schrieb ich in einem Schulaufsatz über die schon erwähnte Klassenfahrt zur Ostsee folgende "rote" Schlussapotheose: „Herrlich ist es, wenn man wie ich mit einer Gruppe junger Menschen seine Ferien an der Ostsee verbringen kann. Unserer Regierung sei dafür der Dank ausgesprochen. Gestärkt und gut erholt kehrten wir von der Ostsee nach Hause zurück. Voller Kraft und mit neuer Energie werden wir an die Aufgaben herangehen, die uns im neuen Schuljahr gestellt sind." Klassenlehrer Wilhelm, der Organisator der Fahrt, gab mir ein "Genügend" und ermahnte mich in seinem Schlussplädoyer deutlich mit roter Tinte: ... "im sprachlichen Ausdruck zeigen sich gelegentlich noch Mängel."

Was Jossif Wissarionowitsch Dshugaschwili im Jahre 2000 angesichts der Lage in der ehemaligen Sowjetunion anbelangt, las ich in der "Berliner Zeitung" die liebevolle Meinung von einem seiner Enkel über den Großvater: „Wenn Stalin jetzt aufstehen würde, würde er alle erschießen."

Der Rauch hat sich verzogen...

Meine sehr frühzeitig abgebrochene Raucherkarriere begann mit dem Rauchen grüner Blätter mit dazwischen zerriebenen dürren Blättern, Tatort waren die Berge des Thüringer Waldes und unser damaliger Ausgangspunkt aller Schlachten oder auch allen Blödsinns, die „Stäbänk" auf dem Stadtberg. Was das Rauchen anbelangt ist mir nur der Geschmack von fürchterlich beißendem Qualm in Erinnerung geblieben. Eine nicht richtig eingerauchte billige Shagpfeife als starkes männliches Symbol haute mich als Student in Babelsberg auf dem Weg zum völligen Raucherstop um, mir wurde nach jedem „Tabakskollegium" schlecht wie nach zehn Bieren und elf Doppelten.

Endgültig Schluss mit dem blauen Dunst, ich hatte das Gefühl Opium inhaliert zu haben, war dann während einer Fernsehproduktion in einem Berliner Kulturhaus. Um einer charmanten sowjetischen Sängerin als Produktionsleiter und Mann von Welt imponieren zu können, rauchte ich sieben große Zigarren (die, die man mit der ganzen Hand halten muss) während der Aufzeichnung der Unterhaltungssendung „Ist Erfolg Glückssache?" Jawohl, Erfolg ist Glückssache, seit diesem Abend bin ich absoluter Nichtraucher.

Als wir die Sendung produzierten wurde ein finsteres Kapitel beim Aufbau des Sozialismus aufgeschlagen, es waren die letzten Tage des Prager Frühlings im August 1968. Der Sänger Peter Wieland, der den Einmarsch der Panzer in die CSSR, wie die meisten DDR-Bürger, überhaupt nicht in Ordnung fand, ließ sich nicht nieder kartätschen und bot dem überraschten und unsicheren Genossen Meißgeier von der Bereichsleitung echt Paroli.

Irgendein Kollege muss gewusst haben, dass ich neben meiner Thüringer Rostbratwurst noch eine andere Wurstsorte mag, denn als ich nach der „Premierenfeier" stark angeschlagen in der Schönhauser Allee aus dem Produktionsbus geleitet wurde, hatte ich eine original ungarische Salami in der Hand. Bis heute ist mir der edle Spender nicht bekannt.

Das Idol aus Memphis / Tennessee

Und Elvis Presley mit seiner Musik kroch allmählich über Ätherwellen bis in die kleinste Thüringer Waldgemeinde und überzeugte natürlich auch mich. Die imperialistische Dekadenz und ihr amerikanischer Vorreiter waren nicht aufzuhalten und der Schlachtruf des Rock'n Roll ist mir noch heute geläufig: "A Wop Bop A Loo Bop A Lop Bam Boom", ein ungemein klares Programm für diese Musik. Der amerikanische Soldatensender AFN Frankfurt hatte seinen Anteil, in Erinnerung ist mir auch noch die einschmeichelnde Stimme des Sprechers zum Programmschluss: "Good night, everybody, good night." Das ist keine Angeberei, ich hatte nämlich noch in der 5. und 6. Klasse Englischunterricht in meiner Bürgerschule (ab 1949 August-Bebel-Schule) am Unteren Marktplatz in Sonneberg und bekam auf allen vier Halbjahreszeugnissen in diesem Fach die Note Zwei. Die Weltsprache muss den politisch Herrschenden in der DDR zu unbedeutsam und zu staatsgefährdend gewesen sein, denn sie wurde ersatzlos gestrichen, so dass auf meinem Zeugnis der 7. Klasse überhaupt keine Fremdsprache erschien. Erst in meinem (sehr guten) Abschlusszeugnis der Grundschule 1952 erschien das Fach Russisch, ich bekam eine Zwei, im Reifezeugnis 1956 stand ein -gut-, und Rektor Kurt Maetzig bestätigte mir auf meinem Diplomzeugnis die Rechtmäßigkeit meiner guten Note im Fach Russisch.

Es ist zwar schon 50 Jahre her, aber der „Auftritt" meiner ersten Russischlehrerin ist mir ganz gegenwärtig. Ich glaube, sie hieß Veronika Langer, war wohlproportioniert, hatte einen gelben Pullover und weiße Stiefel an, wie eine Figur aus einem dieser wunderbaren russischen Märchenfilme.

Um uns 13-Jährige, denen diese Laute völlig fremd waren, gleich mit dem „Innersten" der russischen Sprache vertraut zu machen, sang sie herzzerreißend ein Volkslied. Die „russische Seele", die ich später eigentlich sehr mochte, hat die ganze Klasse ungewollt buchstäblich zu Lachstürmen hingerissen. Bei meinem ersten Russischdiktat schrieb ich (es war mehr ein Gekrakel), zu jedem Wort drei mögliche Varianten, von denen ich kurz vor dem Abgabetermin noch zwei durchstrich. Bei der Rückgabe des Diktates war das Lachen auf Seiten der Russischlehrerin. Ich sah in meinem Heft das genüsslich mit roter Tinte geschriebene Wort: "Kochrezept." Jedoch diese Lehrerin raffte sich dann doch noch zu einer Gentleman-Geste auf, sammelte die Hefte wieder ein und ich bekam eine 2 - 3.

Aber auch die englische Sprache ist nicht ohne Schwierigkeiten, mein Bruder war leidenschaftlicher Amateurmusiker, sein Gitarrist muss in merkwürdiger Stimmung gewesen sein, als er nicht Glenn Miller's „In the mood" sondern „Ilse Mut" in die einzureichende AWA-Liste eintrug.

Die schönste Insel der Welt

Ich weiß nicht, war's Universalverständnis oder war's eine Vorstufe von Schizophrenie, neben Elvis gefiel mir als Jugendlicher auch Rudi Schuricke mit seiner Schnulze: „Wenn auf Capri die rote Sonne im Meer versinkt und am Himmel die weiße Sichel des Mondes blinkt, ziehen die Fischer mit ihren Booten aufs Meer hinaus, und sie legen in großem Bogen die Netze aus..." Dieser Schlager, schon 1943 von Ralph Maria Siegel (Text) und Gerhard Winkler (Musik) kreiert, drückte nach dem Krieg irgendwie die Sehnsucht der Bundesdeutschen nach dem Süden aus und da wir "Sumbarcher" ja praktisch vom "Ursprung" her Franken sind, war ich wahrscheinlich auch von dieser Sehnsucht erfasst.

Nachforschungen über Capris Fischer und die rote Sonne in der Bucht von Neapel konnte ich leider erst mit großer Verspätung anstellen. Bei einem Besuch auf Capri im Sommer 1996 „bestätigte" uns der neapolitanische Reiseleiter gestenreich die Richtigkeit dieses Schlagertextes. Wobei er sofort wieder die musikalische Rangordnung herstellte, als er uns scheinbar beiläufig mitteilte, dass in seinem Neapel Caruso geboren wurde. Dieser freundliche Neapolitaner hatte die Heiterkeit dieser Gegend, um nicht zu sagen, er war ein putziger Komiker. Auf die Frage einer Mitreisenden, ob es stimme, dass der Vesuv zu den Vulkanen gehöre, die in bestimmten Zeitabständen Staub und Lava ausspeien, antwortete er: „Si, Signora, es müsste eigentlich jeden Moment losgehen. Aber wir stehen alle unter dem Schutz der Madonna."

Man sollte diesem Reiseleiter Gerechtigkeit widerfahren lassen, denn er murmelte dann auch noch, dass ein gewisser Al Capone in Napoli das Licht der Welt erblickte. Mit dem Charme eines Vittorio de Sicas verkündete er uns bei der Begrüßung im Hafen von Neapel: "Bitte Geldbörsen festhalten!" Auf die unzähligen „Spitzbuben" in dieser Hafenstadt angesprochen, soll übrigens Italiens Meisterregisseur und unvergleichlicher Mime tatsächlich geantwortet haben: „... aber mit welcher Genialität, mit welcher Eleganz." Bella Italia.

Neben Rudi Schuricke nannte uns der Reiseleiter noch drei „wichtige" deutsche Namen: Krupp, den Kanonenkönig mit seinem Anwesen und den Maler August Kopisch, der 1826 die blaue Grotte wieder entdeckte. Übrigens, die Tatsache, dass kein Wunder, sondern nur das gebrochene Licht die herrliche phosphoreszierende blaue Einfärbung des Wassers hervorruft, schmälert nicht das Naturschauspiel. Als dritten, noch lebenden Deutschen, der auf Capri tätig war, erwähnte der Neapolitaner dann O. W. Fischer. Der Schauspieler verkörperte ja bekanntlich den schwedischen Arzt und Schriftsteller Axel Munthe im Film „Der Arzt von San Michele", dessen ehemalige Villa in Anacapri heute als Museum noch ein touristisches Highlight ist.

Die 13 000 Capresen, einschließlich der immer weniger werdenden berühmten Caprifischer im Hafen Marina Grande machen kein Hehl daraus. was sie von den 13 000 Tagesausflüglern im Sommer halten. Erst wenn der letzte am späten Nachmittag die Insel verlassen hat, beginnt für sie das Leben.

1952-1956:
Hermann - Pistor - Oberschule Sonneberg

Der jüngere Seneca hat tatsächlich am Schluss seiner Epistel 106 geschrieben: „Non vitae, sed scholae discimus" ("Nicht für das Leben, sondern für die Schule lernen wir." Die spätere und wohl auch optimistischere Version stand als erster Spruch in unserem Lateinlehrbuch: "Non scholae, sed vitae." ("Nicht für die Schule, sondern fürs Leben lernen wir.")

Für den einfachen Bürger ist Latein eigentlich eine tote Sprache, aber gelegentlich lebt sie noch in ihren Sprüchen. Aber auch der allererste lateinische Satz, den ich gelernt habe, ist mir noch in Erinnerung: „Marcus est rusticus Romanus." ("Marcus ist ein römischer Bauer.") So steht es zumindest im "Lateinischen Lehrbuch" von 1954, Seite 7.

Als Oberschüler war ich Tag für Tag unterwegs, so lange es hell war und auch am sehr späten Abend. Hausaufgaben mussten abgeschrieben werden, viel Sport wurde getrieben, noch mehr Blödsinn gemacht und unerreichbaren Mädchen nachgelaufen, die mich leider nicht erhören wollten. Hätte ich Verzweifelter damals bloß die Analyse von Sigmund Freud schon gekannt: „Selbst der unglücklich Liebende ist glücklicher als der Nichtliebende."

Mobilität war gefragt, Kilometer um Kilometer schrubbte ich herunter, ohne jemals müde Beine zu bekommen, rund um Sonneberg und darüber hinaus. Das Diamantfahrrad, das mir Mutter buchstäblich von ihrem letzten Geld Anfang der 50er Jahre gekauft hatte, besitze ich heute noch. Es ist bis auf die gewechselten Mäntel und Schläuche fast unverändert. Das Fahrrad war in Dresden, Babelsberg und Berlin dabei. Ich fahre damit noch heute unfallfrei durch die Gegend, weil ich den folgenden Spruch aus einem Arbeitsschutzkalender von 1950 befolgt habe: „Radfahrer! Im Sessel lesen sich die Verkehrsvorschriften besser als im Krankenhaus."

„Denk- und Urteilsfähigkeit sind gut entwickelt", so stand es auf meinem Abizeugnis 1956, und ich glaube, dass das das Wichtigste war, was ich all meinen Lehrern zu danken habe.

In Erinnerung aber bleiben einem, auch nach Jahrzehnten, immer Menschen, die freundlich waren, Mathelehrer Ehrhard, Russischlehrer Bernreuther. Unkonventionell war Frau Vallentin, die Biologielehrerin, sie schmiss mit dem Schlüsselbund nach den Schülern, die partout ihren Ausführungen nicht lauschen wollten. Einige Lehrer hatten ihre Aufgabe irgendwie unglücklich ausgeführt, ihr Unterricht war korrekt, aber es machte einfach keinen Spaß und so kam es, dass ich bei unserem Abitreffen nach 40 Jahren einen Lehrer buchstäblich vergessen hatte.

Vergessen hatte ich auch schon die Fahnenappelle auf dem Schulhof, aber DDR-Astrologen haben mir nach der Wende 1989 die Erinnerung wieder hoch geholt: Das Leben der DDR-Jugend sei durch zu viele Fahnenappelle gemaßregelt worden. Das ist kompletter Unsinn, auch wenn er von Politikwissenschaftlern ständig wiederholt wird.

Ich habe mir ein Gedicht (ungekürzt und unverändert) meiner Klassenkameraden aus der Abizeitung von 1956 ausgeliehen, das zu diesem Problem folgendes verlauten lässt:

Der Fahnenappell
(geschehen anno 1956)

Sonnabend Mittag, bald ist es geschafft!
Lehrer und Schüler opfern die letzte Kraft -
da klingelt es, die Glieder beleben sich schnell,
ein Ruf ertönt: „Antreten zum Fahnenappell!"

Mit der charakteristischen Schnelligkeit
steht man dann vor der Tür bereit,
schön in Dreierreihen formiert,
der FDJ-Sekretär kommandiert.

Der Haufen bewegt sich in gleichem Schritt
(auch einen Lehrer führt man mit).
„Achtung der Chef!", ruft man zurück, nun Brust heraus,
nach rechts den Blick!

Mit funkelnden Gläsern, strengem Gesicht,
man verkennt den geborenen Herrscher nicht,
schaut der Direktor auf den Haufen mit Sorgen.
Hie und da flüstert es scheu: „Guten Morgen."

Ist man nun endlich auf dem Hof angekommen
und hat seinen bestimmten Platz eingenommen,
ist leider Gottes, oh großer Schreck,
die mühsam errungene Formierung weg.

Eine emsige Arbeit der Lehrer beginnt,
damit der Haufen Form wieder gewinnt,
denn an diesem Platz gesagt es sei:
Kein Oberschüler kann zählen bis drei.

Endlich tritt feierliche Stille ein,
man blickt gespannt in die Mitte rein.
Dort steht ein Lehrer in militärischer Haltung -
manch Bäuchlein stört bei der Gestaltung.

Und mit geübter Lehrerstimme
erklärt er, dass man nunmehr singe,
denn Massensingen stets dahin zielt,
dass man beseelt im Ganzen fühlt.

Die ältesten Mädchen stimmen an,
das übrige Volk fällt ein sodann.
Es ist ein eindrucksvoller Akt,
aber wo bleibt denn bloß der Takt?

Ein jeder singt, wie's ihm beliebt,
als ob es keinen Rhythmus gibt.
Man hört erschreckt und voller Grausen
ein an- und abschwellendes Stimmensausen.

Manch Haar der werten Lehrerschaft
sträubt sich gen Himmel voller Kraft.
Und wachsendes Entsetzen,
die Schüler sich daran ergötzen.

Der befehlende Lehrer ratlos steht,
sowas ihm doch zu Herzen geht.
Wütend er auf die Zwölften schaut,

auf die er die letzte Hoffnung gebaut.

Die Zwölften beginnen nun kräftig zu singen,
um das ganze wieder ins Gleis zu bringen,
doch, Gott sei Dank, das Lied ist all,
man ist befreit von dieser Qual.

Mit scharfem Befehl wird die Stille durchbrochen:
„Oberschüler, stillgestanden!" durchfährt es die Knochen.
Die Absätze derart zusammenkrachen,
dass sogar die ewigen Schläfer erwachen.

Nun braust ein Ruf wie Donnerhall:
„Die Augen rechts!" Ach Gott nochmal,
was ist denn los? Die Hälfte schaut weg!
Was ist denn da schon wieder leck?

Eins ist gewiss, das merke dir:
Steht man im Viereck so wie hier,
soll stets dein Blick zur Fahne sein,
wenn auch von ungefähr der Mitten
der richt'ge Blick wird abgestritten.

Vor den zu Stein erstarrten Klassen
wird nun die Fahn herabgelassen.
Es kostet viele Mühe schon,
bis man erreicht hat Tradition.

Was meine Abikollegen von 1956 so wunderbar authentisch aus dem Bauch heraus über den so genannten Fahnenappell und unsere „Schülerwelt" dichteten, ist die "reine historische Wahrheit".

Was zu meiner Schulzeit stimmte, war auch bei meinem Sohn Peter noch Realität. Der Fahnenappell war für ihn kein erniedrigendes Ritual sondern Spaß und Anregung. Es war für ihn eine Möglichkeit, die von seinem Vater ererbte Schüchternheit zu überwinden, denn er musste als Freundschaftsratsvorsitzender sogar Meldung erstatten. Als wir noch in Berlin-Friedrichshain wohnten, befand sich Peters Schule um die Ecke.

Als heimlicher Zeuge eines dieser Fahnenappelle erinnere mich noch ganz genau an die Worte einer älteren Schülerin in der hintersten Reihe: „Kiek ma den Kleenen!" Ich glaube, es war ein Kompliment.

Komplimente wurden mir nicht gemacht, als ich zum ersten Mal als Oberschüler schüchtern anklingen ließ, dass ich mich gerne an der Filmhochschule bewerben würde. In der 11. Klasse hatte ich mich dann mutig entschieden und ließ mich als "leidenschaftlicher Filmliebhaber" nicht mehr davon abbringen, in der Abiklasse meine Bewerbung an die Deutsche Hochschule für Filmkunst in Potsdam-Babelsberg zu schicken.

Ich erinnere mich an ein Gespräch bei Direktor Schöntag, der nicht in Beifallsstürme ausbrach, als er meinen nicht alltäglichen Studienwunsch las. Hier hätte ich mir einen Lehrer gewünscht, der nicht mit hundert Einwänden als Bedenkenträger auftritt, sondern mit Verve mir auf die Schulter klopft und freundlich zuruft: "Junge, versuch' dein Glück." Mehr als ein Versuch konnte es ja auch nicht sein, und er schlug auch beim ersten Mal fehl. Genau in meinem Bewerbungsjahr gab es einen Immatrikulationsstop.

Was sollte ich als verunsicherter 17-Jähriger tun?

Nächste Station: Ein Jahr Baupraktikant im Landbaukombinat Sonneberg, durch Zufall die eigene spätere Wohnung meiner Mutter in der Bert-Brecht-Straße 2 miterbaut, danach habe ich mich mit Unterstützung des BGL-Vorsitzenden Roth für die Fachrichtung Bauwesen an der Technischen Hochschule Dresden beworben und wurde immatrikuliert. Während ich in Sonneberg noch mithalf, einen bescheidenen Wohnblock zu erstellen, durfte ich von September 1957 bis Februar 1958 einen Braunkohlenbunker in Regis Breitingen im Kreis Borna mit errichten. Nach diesem Praktikum habe ich dann ab März im Studentenwohnheim Tiergartenstraße 44 kampiert, es gab noch Lebensmittelkarten und kolportiert wurde, wahrscheinlich von wachsamen revolutionären Zellen, dass die Tochter von Manfred von Ardenne mit dem Westwagen zur Vorlesung kutschiert wird und mit Prinzessin angesprochen werden müsse. Peinlicher und infantiler Tratsch und Knatsch wurden damals noch von Mund zu Mund weitergegeben, heute besorgen das Waschweiber und Klatschonkels in brisanten und exklusiven Fernsehsendungen und bunten Blättern als Zeitvertreib in einer Art "Chronique scandaleuse". Die Prinzessin habe ich natürlich nie zu Gesicht bekommen, aber ihren Vater durfte ich Jahre später bei Dreharbeiten im Hause Ardenne kennen lernen.

Nach wenigen Wochen wusste ich, es wird nichts mit höherer Mathematik und höherer Geometrie, meine "alte Filmleidenschaft" schlug durch. Mit dem Zug um 12.43 Uhr verließ ich am 6. Mai 1958 (über Leipzig - Saalfeld - Sonneberg) das noch stark zerstörte Dresden, der Prorektor bestätigte mir falsche Studienberatung und exmatrikulierte mich ordnungsgemäß. Ich musste allerdings den „Freistaat" wechseln und die Kleidung. Ich meldete mich zur Fahne und lernte dadurch das schöne Erfurt kennen, meistens in Ausgangsuniform.

Mit Allradantrieb und Geländegängen gegen den Klassenfeind

War meine NVA-Zeit in Erfurt schlimm? Wir waren damals als Armee der Arbeiter und Bauern den westdeutschen Revanchisten weit überlegen. Es war die Zeit höchster Wachsamkeit. An manchen Tage schliefen wir (falsch, ein Soldat ruht ja nur) in der Kaserne mit voller Ausrüstung, also auch mit Stahlhelm neben dem Kopf und waren somit bei Alarm (der geschickterweise vorher buchstäblich jedem Bataillonsstoppelhopser unauffällig bekannt gemacht wurde) binnen zwei Minuten auf dem Exerzierplatz abmarschbereit. Im Ernstfall hätten wir den Schwarzwald schon überrollt bevor die westdeutsche Armee aus den Kasernen gekommen wäre.

War die NVA-Zeit schlimm? Ich war auf Kfz-Schule und machte die private Pkw- und Lkw-Fahrerlaubnis, und zusammen mit anderen Genossen half ich einem Leidgeprüften, der am Berg mit dem schweren Lastkraftwagen nicht anfahren konnte. Entweder er ließ die Kupplung zu schnell kommen oder löste die Handbremse nicht im richtigen Moment. Er konnte die Kupplung nicht richtig schleifen lassen, heißt es wohl im Fachjargon. Zu sechst stemmten wir uns hinten gegen den Lkw G 5, damit er nicht zurückrollt, jedoch der Kompaniechef sah unsere Hilfeleistung im Rückspiegel. Der sonst bis ins preußische Mark korrekte Oberleutnant ließ Gnade vor Recht ergehen.

War die NVA-Zeit schlimm? Ich erlernte das Funken und bekam die Qualifikation, einschließlich einer Geldzulage.

War die NVA-Zeit schlimm? Bei einem Bataillonsappell auf dem Ex-Platz in der Erfurter Kaserne im Sommer 1959 mussten mehrere Genossen vortreten, unter anderen auch der Gefreite Ender. Wir wurden belobigt und erhielten zwei Tage Sonderurlaub für die Erringung des Sportabzeichens der DDR „Bereit zur Arbeit und zur Verteidigung der Heimat" in Gold. Die Vorfreude auf zwei Tage zu Hause in Sonneberg war riesig, aber mein Erstaunen auch. Ich hatte noch gar nicht alle erforderlichen sportlichen Leistungen erfüllt. Vor versammelter Mannschaft Major B. zu widersprechen oder den Irrtum eines Unschuldigen aufzutischen, hielt ich für nicht ratsam. Was später in der DDR gang und gäbe war, schien die Ursache zu sein, Erfolge mussten her und sofort nach oben gemeldet werden.

Ich will es nicht übertreiben, aber vielleicht konnte mich Feldwebel St. auch gut leiden, zumal ich sehr sportlich war, früher oder später schafft er es sowieso, wird er sich gesagt haben und für gute Ausbildung wurden auch die Unteroffiziere belobigt.

Auf meiner Karte für den Erwerb des Sportabzeichens hatte ich Leistungen in verschiedenen sportlichen Disziplinen, die ich noch erreichen wollte, mit Bleistift vorgeschrieben, ein guter Mensch hatte sie mit Kugelschreiber absichtlich oder versehentlich nachgeschrieben und amtlich bestätigt.

Den besonderen Humor von Spezialisten (oder war es versteckter Widerstand) hatte auch ein Soldat unserer Kompanie, der im PAZ (Politisches Arbeitszimmer) unseres Kasernengebäudes das vorhandene Radiogerät so präparierte, dass nur der RIAS zu empfangen war, ganz egal welche Knöpfe man bediente. Nicht als origineller Jungenstreich, sondern als ungeheuerliche politische Provokation gegen den Frieden wurde diese Gott sei Dank nicht aufzuklärende Tat gewertet, denn der Rundfunk im amerikanischen Sektor Westberlins betrieb 24 Stunden am Tag Kriegshetze, so argumentierte jedenfalls Unterleutnant M. Jedoch die Kriegshetzer im Westen hatten keine Chance, wie ich heute noch auf einer Urkunde vom Oktober 1959 nachlesen kann: Gefreiter Ender, Roland hat die Überprüfung zu Ehren des 10. Jahrestages der DDR „Bist Du gefechtsbereit" mit "Ausgezeichnet" bestanden.

War die NVA-Zeit schlimm? Natürlich gab es Frühsport auf Befehl, heute wäre ich dankbar, wenn mich jemand mit Gewalt zum Sporttreiben aus dem Haus jagen würde.

War die NVA-Zeit schlimm? Es musste Wache geschoben werden, der Zwei-Stunden-Schlafrhythmus zermürbte, der Stahlhelm drückte, die Sturmbahn erforderte den ganzen Kämpfer, die Gasmaske wurde bei Spezialübungen mit jeder Minute immer unangenehmer und und ...und.

Und ich fuhr mit meinem sowjetischen Armeefahrzeug GAS 69 ständig zu Übungen, ein Gefährt, dass ich im Notfall mit einer Kurbel anwerfen konnte, ausgerüstet mit einer Funkstation, Allradantrieb und Geländegängen, aber nur mit einer Plane bedeckt. Ich erinnere mich noch genau an eine Winterübung auf dem Ettersberg bei Weimar.

Vor Kälte war es in der Nacht nicht mehr auszuhalten, wir nahmen den kleinen Flammenwerfer, der normalerweise durch Kälte zäh gewordenes Öl in der Ölwanne über ein spezielles Schutzblech wieder flüssig machen sollte und erzeugten Wärme im Fahrzeugraum mit dem Ergebnis, dass am nächsten Morgen in unserem Gesicht nur noch die Augen hell waren, die Haut aber vom Ruß der kleinen Flamme dunkel.

Apropos dunkel, Jahre später erzählte mir ein Suhler Mitstreiter aus Erfurter Zeit bei einem Zusammentreffen auf dem Alexanderplatz, dass einer unserer Kompaniegenossen aus der Rennsteiggegend nach der Armeezeit ein Erlebnis besonderer Art hatte. Als er freudig ins Krankenhaus eilte, um seine Frau und das Neugeborene zu bestaunen, hatte das Baby eine kaffeebraune Hautfarbe. Ruckartig soll er Richtung Sachsen desertiert sein, verständlich wie ich glaube.

War die NVA-Zeit schlimm? Ich lernte den Sonneberger Reinhard Bätz kennen, der eine Etage über mir in der Erfurter Kaserne „wohnte", und wir wurden "Kampfgefährten".

Während der Armeezeit machte ich in Babelsberg die Eignungsprüfung für die Filmhochschule und ich erfuhr noch als Gefreiter von der Zulassung. Ich hätte vor Freude auf dem Explatz mit vollem Sturmgepäck tanzen können. Bis heute bin ich dankbar, dass ich als Arbeiterkind an der Filmhochschule in Potsdam-Babelsberg studieren durfte, an dieser Feststellung gibt es keine Abstriche zu machen, auch wenn mir ein guter Mensch die Empfehlung gab, lieber Arbeitnehmerkind zu schreiben.

Am 20.5.1960, kaum in Ehren aus der Nationalen Volksarmee entlassen, übernahm ich am 9. Juni als Kraftfahrer bei der Großhandelsgesellschaft für Lebensmittel, Obst und Gemüse Sonneberg schon wieder einen Kampfauftrag. Mit einem verwegenen Fahrzeug, das mir heute beim TÜV mehrere Monate Einzelhaft einbringen würde, fuhr ich, mit Sondergenehmigung selbstverständlich, Brot und Kuchen ins Sperrgebiet mit Blickrichtung Bayern. Da dieser Diesel normalerweise schwer ansprang, empfahl mir ein erfahrener Kollege, vor jeder Fahrt etwas Äther auf den Luftfilter zu schütten, diesen anzuzünden und die Flammen beim Starten als heiße Luft auszunutzen. Es funktionierte. Am 16. August fuhr ich die letzten volkseigenen Backwaren ins Sperrgebiet zwischen Almerswind und Truckenthal, am 31. August brachte mich die Deutsche Reichsbahn nach Babelsberg, natürlich via Berlin-Ostbahnhof. Seit diesem Zeitpunkt wurde ich mehrmals daran erinnert, dass das Lösen einer Fahrkarte nach Sonneberg immer mit der Frage des Schalterangestellten verbunden war: „Sonneberg Hauptbahnhof?" Ein drängelnder Fahrgast hinter mir machte sich mit der neidischen Frage bemerkbar: „Die 'Kuhbläcke' hat mehrere Bahnhöfe?" Ja, daran hat sich nichts geändert, der Automat im Bahnhof Friedrichstraße lässt auch im Sommer 2003 vier Bahnhöfe auf dem Display erscheinen: Sonneberg-Hauptbahnhof, -Ost, -Nord und -West.

„Das gibt's nur einmal, das kommt nicht wieder"...

... diese Feststellung kannte ich natürlich schon vor meinem Studium, denn Lilian Harvey sang dieses Lied bereits 1931 im Film „Der Kongreß tanzt".

Als ich im August 1960 in Babelsberg ankam, war ich voller Neugierde und Vorfreude. In welcher Gegend lag eigentlich die Filmhochschule, während der Aufnahmeprüfung im April hatte ich keine Minute Zeit mich umzuschauen und aus den mir zugänglichen Publikationen war kaum etwas zu entnehmen.

Die Villa, in der Generalissimus Stalin während der Potsdamer Konferenz vom 15. Juli bis zum 2. August 1945 residierte, war natürlich „ausgeschildert". Die DDR hatte aber festgelegt, dass seine Kontrahenten Truman und Churchill so gut wie nicht in dieser Region waren.

Um es vorwegzunehmen: Ich lebte und studierte tatsächlich von 1960 bis 1964 in der ehemaligen Villenkolonie Neubabelsberg. Von den gepflegten Anlagen und Gärten der vergangenen UFA- Zeit konnte natürlich keine Rede mehr sein, aber die zwölf oder dreizehn Villen, in denen die Hochschule untergebracht war, funktionierten noch, mehr nicht.

Offiziell war selbstverständlich die Vergangenheit tabu, aber allmählich erfuhr man viele interessante Einzelheiten. Eine freundliche ältere Verkäuferin, die unmittelbar neben der Villa von Richard Tauber, respektive dem Studentenwohnheim, einen Konsumladen betrieb, klärte uns in Raten auf.

Es war die Gegend, in der einst Theo Lingen, Marika Rökk, Sybille Schmitz, Gustav Fröhlich, Henny Porten, Lilian Harvey, Magda Schneider, Fritz Lang, Ernst Lubitsch und auch der Rennfahrer Hans Stuck wohnten.

Erst Jahrzehnte später erfuhr ich, dass ich während meiner Studienzeit am ersten von Ludwig Mies erbauten Haus in der Spitzweggasse 3 achtlos vorbeigelaufen bin. Mies fand seinen Namen verständlicherweise unpassend und so griff der später weltberühmte Architekt 1921 zur Selbsthilfe, indem er sich adelte. Mies erweiterte seinen Namen mit dem Mädchennamen seiner Mutter ‘Rohe’, den er aber nicht nur 'anhängte', sondern dazwischen ‘van der’ platzierte.

In guter Erinnerung geblieben ist mir noch die ebenfalls in der Spitzweggasse befindliche Turmvilla mit ihrem Löwenfries, die einst dem Kunsthistoriker Professor Friedrich Sarre gehörte.

Im Sommer hatten wir unseren Sportunterricht auf dem Sportplatz des DEFA-Spielfilmgeländes absolviert, im Winterhalbjahr organisierte unser agiler Sportlehrer Herr Beeck eine Turnhalle in Klein-Glienicke, einen Katzensprung vom Hauptgebäude der Filmhochschule in der Karl-Marx-Straße entfernt, aber im hermetisch abgeriegelten Grenzgebiet. Praktisch ein Ureinwohner dieses Babelsberger Ortsteils hat mich dann auch vor der Turnhalle, ausgelöst durch mein neugieriges Fragen, auf Lilian Harvey „aufmerksam" gemacht, die ja auf Klein-Glienicker Seite des Griebnitzsees ihr Haus hatte.

Wenn mich meine Erinnerung nicht trügt, (ich bin in diesen vier Studienjahren durch höheren Befehl oft umgezogen, was bei einem unkomplizierten Studenten eine halbe Stunde dauerte), wohnte ich auch kurzzeitig in der Villa von Brigitte Horney am Johann-Strauß-Platz.

Und genau in diesem, im englischen Landhausstil errichteten Haus der berühmten Filmschauspielerin versteckte sich Anfang der vierziger Jahre der mit Schreibverbot durch die Nazis belegte Erich Kästner, hier schrieb er unter dem Pseudonym Berthold Bürger das Drehbuch für den vierten deutschen Farbfilm „Baron Münchhausen".

Als ich im Juli 2001 das letzte Mal vor dem Haus stand, waren die Initialen „HG" immer noch im eisernen Gartentor vorhanden. Dieses Haus Gugenheim gehörte ja dem jüdischen Fabrikanten Gugenheim, der es 1936 verlassen musste. Die genauen Umstände des Verkaufs durch den Eigentümer und der Inbesitznahme durch Brigitte Horney sind wohl bis zum heutigen Zeitpunkt durch die Erben nicht zweifelsfrei belegbar, sonst hätte ich nicht ein Dutzend junger Hausbesetzer und ebenso viele Hunde im Juli 2001 zu Gesicht bekommen.

Und ich residierte auch in der zeitweilig von Heidemarie Hatheyer bewohnten Nachbarsvilla oberhalb des Horneyschen Anwesens, und zwar im Kaminzimmer. An besonders kalten Tagen habe ich volkseigenes Holz verheizt, denn im Keller wurden ausrangierte und defekte Möbel aus den Studentenwohnheimen gelagert.

Das Wort Wohnen ist natürlich bei einem Studenten nicht als ästhetische Kategorie zu verstehen, es geht mehr in Richtung Feldlager.

Der wunderbare Blick aus meinem Kaminzimmerfenster hatte es aber in sich: Links die bereits erwähnte Konsumverkaufsstelle und rechts die ehemalige im klassizistischen Stil erbaute Villa des großen Tenors Richard Tauber, der nach der Annexion Österreichs 1938 nur noch im Ausland singen konnte und 1948 in England starb.

Die Villenkolonie Neubabelsberg war vor 1945 eine gute Adresse für reiche Leute, ohne Millionen ist nach der Wende in dieser Gegend auch nichts zu holen.

Der Text, den das „süßeste Mädel der Welt" Lilian Harvey sang, muss also geändert werden: "Das gab's schon immer."

Verrat auf der ganzen Linie

Bevor ich in die Villa von Brigitte Horney einzog, vielleicht war's auch die Villa nebenan, fand ich im ehemaligen „Berghotel" an der ehemaligen Kaiserstraße, einem Treffpunkt der UFA-Prominenz, heutige Adresse: Karl Marx-Straße 41, eine Bleibe als Student, ein paar Monate sogar im Turmzimmer.

Meine vierte oder fünfte Unterkunft in der Villenkolonie befand sich dann in der Landratsvilla, unmittelbar neben dem Hauptschulgebäude mit direktem Blick auf den Griebnitzsee. Und in diesem Gebäude unterm Dach studierte mein Kommilitone K.F. bei offenem Fenster bis in die frühen Morgenstunden das Problem der revolutionären Wachsamkeit gegenüber dem Klassenfeind in den Werken der marxistischen-leninistischen Erfolgsautoren, während in Rufweite zum Seeufer zwei Grenzsoldaten, deren Regiment im Villenviertel stationiert war, die Dunkelheit als natürlichen Verbündeten nutzten, ihre Uniformen auszogen, auf Kante legten und Richtung Westen davonschwammen. Oben also Marxismus-Leninismus, unten Verrat. Ein direktes Eingreifen eines noch so wachsamen Studenten war nicht möglich, denn das Ufer des Griebnitzsees lag im „militärischen Sperrgebiet" und war somit absolut tabu. Am Tage allerdings konnte man die Bewohner oder auch Gäste des besonderen Territoriums Westberlin auf der anderen Hälfte des Sees hören und sehen wie sie sich im Wasser tummelten oder auf ihren Booten Eis schleckten. „Eine fremde Welt" war zum Anfassen nahe.

Im Mai 1990 schlenderte ich mit Frau und Sohn und Tausenden DDR-Bürgern über den Kurfürstendamm. Peter war noch NVA -Angehöriger, hatte aber seinen Personalausweis schon ausgehändigt bekommen. 29 Jahre zuvor hatte diese Flaniermeile ebenfalls meine Neugierde geweckt, allerdings unter ganz anderen Voraussetzungen.

Die verruchte glitzernde Frontstadt Westberlin mit ihrem Ku'damm hatte uns natürlich nicht kalt gelassen. Eine „strengste Bestrafung" in Kauf nehmend, die revolutionärsten Studenten hatten natürlich spontan und freiwillig das Durchfahren der Speerspitze des Imperialismus als ein eines angehenden sozialistischen Filmschaffenden undenkbares Vergehen gebrandmarkt, bin ich mit Kommilitone Helmut in den letzten Wagen im S-Bahnhof Griebnitzsee (zu UFA-Zeiten hieß diese Station „Babelsberg UFA-Stadt") eingestiegen, die Augen flink hin und her bewegt und im „Bereich des Besatzungsregimes der USA, Großbritanniens und Frankreichs“ die Füße auf imperialistischen Boden gestellt. Hinter einem Zeitungskiosk haben wir wieder die Augen nervös hin und her wandern lassen und sind leichtsinnigerweise ohne Tarnkappe Richtung Prachtboulevard gelaufen.

Auf dem Ku'damm staunten wir ein bisschen und sahen uns dann den englischen Film „Saturday night and sunday morning“ an. Es war ein harmloser Informationsausflug. Wir hatten auch nicht die Befürchtung, dass uns der Klassenfeind in Westberlin zusetzt, sondern die vielen Genossen, die unaufhörlich und immerzu gegen die Machenschaften der Imperialisten recherchierten.

Jedoch die Wachsamkeit der Mitarbeiter der Spezialfirma Horch und Guck betrachtete den Westteil der Stadt nur als kleines Übungsterrain, ihr Hauptaugenmerk lenkten sie schlicht und einfach auf ihre Mitmenschen im eigenen Staat.

Im kalten Januar 1961 wurden die Zwangsferien wegen Brennstoffmangels jäh unterbrochen und ich aus dem verschneiten Thüringer Wald per Telegramm nach Babelsberg beordert.

Ich erinnere mich noch genau, es war ein richtiger Winter, Schneehöhe über einen Meter, auf dem Bahnhof in der Glasbläserstadt Lauscha stand eine große Schneefräsmaschine, um die Gleise der Bahnstrecke Sonneberg -Saalfeld freizuhalten.

In meiner unendlichen Gutmütigkeit glaubte ich noch auf dem Weg von meiner Studentenbleibe im ehemaligen „Berghotel” zum Hauptgebäude der Filmhochschule am Griebnitzsee an einen möglichen Einsatz in der Braunkohle. Als ich allerdings allein mit meinen Kommilitonen Peter und Hartmut im Zimmer des Rektors zusammentraf und ein süßsäuerlicher Mitstudent uns verächtlichmachender Bemerkungen über den verehrten Nikita Sergejwitsch Chrustschow und seinem Kampfgefährten Walter Ulbricht anlässlich der Ankunft des sowjetischen Gastes auf dem Berliner Ostbahnhof bezichtigte, schrillten bei mir die Alarmglocken so laut, dass ich bis zum Zusammenbruch der DDR davon profitierte. Mein erstes ungemütliches Beisammensein mit den unauffälligen Zuträgern der Stasi. Mag sein, dass wir irgendeine witzige Bemerkung über Ulbricht machten, das geschah in der DDR sicherlich alle zehn Minuten, genau erinnern kann ich mich jedoch nicht mehr.

Unvergessen allerdings Ulbrichts geistreicher Hammer beim Besuch eines Kindergartens im Angesicht der Steppkes: „ Und ihr seid die Kinder, ja.". Eins weiß ich noch ganz genau, dass ich die Gefahr großer Schwierigkeiten sofort erkannte, mich total ahnungslos und unschuldig stellte und mir blitzartig harmlos verwirrende Gegenfragen zur Ablenkung ausdachte unter dem Motto: Solche „Gauner" müssen unterlaufen werden, heute und für alle Zeiten, das heißt 1989 war diese Ewigkeit ja vorbei. Meine "Zusammenarbeit" mit der Stasi wurde dann offiziell beendet als ich am 26. Februar 1997 in der Ruschestraße in Berlin-Lichtenberg meine Akte lesen durfte. Die Anreise war kein Problem, denn ich wohnte praktisch um die Ecke. Gespenstisches tat sich in diesen Akten auf, von den Häschern zurückverfolgt bis in meine NVA-Zeit.

Ausgangspunkt waren drei ausgeliehene „Spiegel" zu Beginn meiner Arbeit im Deutschen Fernsehfunk 1964 an meinen ehemaligen Kommilitonen W. Warum dieser meinen Namen preisgab und warum dessen gesamter staatsgefährdender Leidensweg in meiner Akte stand, weiß ich nicht, genau weiß ich allerdings, dass seine für ihn kostenlose Beobachtung zu dem Zeitpunkt begann, als er den Prager Frühling gefährdet sah und den Einmarsch der Warschauer Pakttruppen wohl mit dem Ruf: „Es lebe Dubcek" begleitet haben soll.

Übrigens, was Ulbricht anbelangt, hätte er sich nur an seinen vollkommen richtigen Gedanken gehalten, den er schon 1952 äußerte: „Die Zukunft Deutschlands gehört denen, die für das Werk des Friedens, der Einheit Deutschlands und den Fortschritt kämpfen." Aber auch ihm hat man ja ein geistiges und materielles Denkmal mit dem Spruch gesetzt: „Es lebe der Fernsehturm mit Walter Ulbricht an der Spitze."

Oh, Champs – Elysées

Bis zum heutigen Tag ein Freund und Liebhaber der französischen Sprache, war ich natürlich auch während der Studienzeit in Babelsberg bemüht, meine Französischkenntnisse zu festigen, zumal der Unterricht beim Ehepaar Schneider Spaß machte und die Schneiders zu den Lehrern gehörten, an die man sich gerne erinnert. Ein Briefpartner musste also her, nicht um staatsfeindliche, nachrichtendienstliche Tätigkeit gegen die Arbeiter- und Bauernmacht auszuüben, sondern um Französisch zu lernen. Die Fachzeitschrift „Le monde du cinema" war mir auf meiner Bitte hin bei der Suche behilflich und so klappte es unter anderen mit einer Studentin aus Aix-en-provence. Sie schickte mir die „Welt des Films" nach Babelsberg, jedoch diese harmlose Fachzeitschrift wurde ein Opfer unserer wachen Zollorgane. Als ich diesen Umstand verschlüsselt Mademoiselle mitteilte, wickelte sie ohne mein Zutun "Le monde du cinema" in die „Humanite" ein ...die Filmzeitschriften besitze ich heute noch.

Dieser Tatbestand der „ungesetzlichen Verbindungsaufnahme" wurde später sogar in das DDR-Strafrecht aufgenommen. Glück gehabt.

Als ich mit Frau und Sohn 1991 über den Pariser Prachtboulevard lief, blieb ich bei der Adresse: Champs Elysees Nr. 146 kurz stehen und erinnerte mich, vor 32 Jahren saß dort die Redaktion dieser französischen Filmzeitschrift.

Sie vergaßen sich oder Das Geschehen lag im Dunkeln

Dozent für Kunstgeschichte an der Filmhochschule war Dr. Mielke, dessen Arbeitskollege ich später in der Hauptabteilung Unterhaltung des DDR-Fernsehens wurde. Ein freundlicher Dozent jener Art, wie Studenten ihn sich wünschen und wahrscheinlich Kenner des allgemeinen Lebens und im Besonderen des Studentenlebens.

Im dunklen Kinoraum, in dem für „nicht kommerzielle Zwecke" den Studenten hauptsächlich Weltfilme gezeigt wurden, erklärte Dr. Mielke an Hand von Lichtbildern die Kunst vergangener Jahrhunderte. Dieses Fach wurde von allen Studienrichtungen zusammen belegt.

Die Schauspielstudentin Monika Hildebrand (wahrscheinlich vom Fechtunterricht kommend und deshalb die entsprechende Sportkleidung noch bei sich) war plötzlich deutlich für alle zu vernehmen mit dem Satz: „Fritz (Fritz Boetzel, Kommilitone meiner Fachrichtung), gib' meine Hose her". Dr. Mielkes Reaktion: „Ich weiß zwar nicht genau was sie dahinten machen, aber bitte nicht so laut."

Schule mit gutem internationalen Ruf

Zur soliden Ausbildung an der 1954 gegründeten Hochschule gehörten natürlich die Praktika in den verschiedenen Studios.

Mein Praktikum im Spielfilmstudio absolvierte ich beim Produktionsleiter Adolf Fischer. Ein alter Filmhase seit Jahrzehnten, bis 1945 Schauspieler in kleinen Rollen, hatte Kurzauftritte in manchen UFA-Streifen, in Erinnerung ist er mir geblieben aus Slatan Dudows Film „Kuhle Wampe". Er gehörte auch zu den Pionieren der DEFA, wurde dann Produktionsleiter.

Ich durfte „hospitieren" (das heißt dabeistehen und den Mund halten) bei der Produktion des DEFA-Films „Mordfall Jacubowsky" nach einem authentischen Fall aus den 20er Jahren, der im Kino unter dem Titel: „Mord ohne Sühne" lief. Regie führte Carl Balhaus, der mir bei meinem ersten Versuch, eine eigene Meinung zu haben, sofort zu verstehen gab, dass ich absolut nichts zu melden hätte. Schade.

Eine Vielzahl bekannter Darsteller waren aufgeboten: Günther Simon, Karla Runkehl, Wilhelm Koch-Hooge, Erik S. Klein, Fred Delmare...

Aus Interesse und Neugierde, und auch von Adolf Fischer dazu ermuntert, schlich ich mich buchstäblich in jedes Atelier, in dem gerade gedreht wurde. Nicht als schüchterner Nobody, der sofort als Fremdkörper aufgefallen wäre, sondern mit dem alten Trick: Manuskript unterm Arm, Kopf hoch, wichtiges Gesicht machen, dynamisch laufen, mit der rechten Hand mal hier, mal dorthin deuten... und so agierte ich auch als Zaungast bei den Dreharbeiten zu „Beschreibung eines Sommers" mit Manfred Krug. Plötzlich wurden auch die „Schlauen" aus der Dekoration gejagt. Eine Nacktszene wurde gedreht. Ich glaube, es war interessanter als in der heutigen Zeit, wo in Veronas und Dollys Welt einem die Nackten an jeder Ecke über die Füße fallen oder die Mattscheibe bevölkern.

Mein Arbeitsplatz während dieser Wochen auf dem DEFA-Gelände war im Zimmer des damaligen ersten Aufnahmeleiters Fritz Brix, eines mit Fachkompetenz herumwuselnden freundlichen Filmmannes, der sich am Beginn eines Telefongespräches unter Kollegen immer mit den tiefstapelnden Worten meldete: „Hier ist der kleine dumme Brix."

Auch hier sind mir nicht nur die großen Gesten sich ungeheuer wichtig nehmender Cineasten in Erinnerung, auch die Untugenden kleiner Filmstudenten mit Dutzendgesicht. Ich hatte die schlechte Angewohnheit, beim Tragen von Sommerlatschen immer etwas zu hatschen. Meine Mutter hatte mir das schon berechtigterweise vorgeworfen: „Hieb doch endlich deine Füß ah". Eine Sekretärin auf dem dunklen Flur in einem der Verwaltungsgebäude auf dem DEFA-Gelände fauchte mich an mit den Worten: „Wenn sie berühmt sind, junger Mann, können sie hier entlanglatschen, vorläufig müssen sie ihre Füße noch anheben." Ich war mächtig erschrocken, aber das Nichteintreffen dieser Drohung erlaubt mir bis heute, diese Unart beizubehalten.

Student im Studio und am Drehort

Nachdem ich im DEFA-Studio für populärwissenschaftliche Filme im Babelsberger Ortsteil Alt Nowawes Augen, Mund und Ohren aufgesperrt hatte, um ja alles mitzukriegen, ging es anschließend zum zweiten Praktikum ins Dokumentarfilmstudio in der Otto-Nuschke-Straße (heute wieder Jägerstraße) nach Berlin, um die zutreffende englische Redewendung: "Learning by doing" in die Realität umzusetzen.

In der Regie von Max Jaap wurde der Dokumentarfilm „Drei Briefe" gedreht, an der Kamera stand Wolfgang Randel, ein angenehmer Kollege. In Erinnerung sind mir noch die beiden Herren Machalz und Loewenberg, ich weiß allerdings nicht mehr, ob sie assistieren und sich bewähren mussten oder auf irgendetwas aufpassen oder einfach lernen sollten.

Und wieder konnte ich nach Elbflorenz fahren, denn der Dokfilm wurde zu großen Teilen in Dresden gedreht. Das Produktionsfahrzeug war ein SIL, eine so genannte große Russenkutsche, die manchem Pförtner an den verschiedenen Drehorten Respekt und Angst einflößte. Die Schlagbäume und sonstigen Sperren wurden im Nu hochgerissen. Mit diesem Kraftfahrzeug soll übrigens schon die bekannte Renft-Combo sich und ihre Instrumente transportiert haben.

Regisseur Jaap, der mit Unterstützung von Heinz Rühmann die letzten Kriegsjahre als Aufnahmeleiter bei der Terra in Babelsberg arbeitete, habe ich als witzigen Menschen in Erinnerung. Wir wohnten im „Weißen Hirsch." Wie er am Abend im Stile eines Conférenciers dem Kellner mitteilte, dass er den ungewürzten Blattsalat nicht essen kann, weil man höchstwahrscheinlich die Blätter nur einmal durchs Wasser gezogen hätte, das war schon komisch.

Regisseure, die mit Witz und Charisma ein freundliches Klima erzeugten, waren mir auch später die liebsten und es stimmt schon: Das Künstlergetue ist manchmal verrückt komisch, manchmal gespenstisch wundersam. Auf dem Dresdener Altmark sollte eine junge Frau im Bild sein. „Hallo, Student, du weißt Bescheid, es muss krachen..." Ich begann keine Fragen zu stellen, um geistige Schnelligkeit zu demonstrieren und fing sofort an zu rotieren. Es dauerte eine Weile bis ich ein „krachendes Mordsweib" entdeckte und die junge Frau auch überzeugen konnte, mit an den Drehort zu kommen. Ich steuerte mit ihr direkt auf Jaap zu, er gab ihr die Hand, mich nahm er zu Seite und sprach mir zu meiner Überraschung leise ins Ohr: „Die können wir nicht nehmen, aber wenn du sie haben willst, ich spreche mal mit ihr."

Am Drehort freute er sich noch diebisch über seinen gelungenen Scherz, am Abend im „Weißen Hirsch" war er wieder ganz Regisseur: „Du solltest die Frau nach dramaturgischen Gesichtspunkten aussuchen, nicht nach deinen heimlichen Wünschen." Ich wollte nicht den naseweißen Filmstudenten spielen, habe deshalb keine Fragen gestellt, sondern nur andächtig genickt.

Studenten machen alles

Natürlich haben wir als Studenten der Filmhochschule jede Möglichkeit beim Schopfe gepackt, als Kleindarsteller bei der DEFA zu arbeiten. Ich erinnere mich nur an eine Handvoll „reicher" Studenten, die meisten mussten buchstäblich mit jeder Mark rechnen. Verschweigen darf ich allerdings nicht, dass ich Stipendium bekam, das Zimmer 10 Mark kostete, ganz egal ob ich aus meinem Fenster auf die Villa von Richard Tauber guckte, bei der Horney oder im „Berghotel" wohnte, und dass das Mensaessen extrem billig war, selbstverständlich wurden für diesen Preis keine Langusten aus dem Griebnitzsee kredenzt.

Wir standen nicht als Komparsen am set um den plot umzusetzen, wir waren als Kleindarsteller am Drehort eingesetzt oder gestikulierten in den Kulissen herum (wobei „Kulissen" ein völlig unbrauchbarer Begriff für die oft geistreichen, phantasievollen und zauberhaften Dekorationen ist), und zwar als „Schwenkfutter", „Mulm" oder „Gewusel" wie es später beim Fernsehen hieß. Unvergessen bleiben mir zwei Drehnächte im U-Bahnhof Alexanderplatz als Kleindarsteller mit besonderer Darstellung, es gab ein „höheres Honorar", da ich mit einigen Kommilitonen Wortfetzen launig zwischen die Dialoge der Hauptdarsteller werfen durfte.

Ich habe weder den Namen des Films vergessen, „Professor Mamlock", noch die Unterrichtsstunde am dritten Tag, nachdem ich wie meine Mitstreiter buchstäblich zwei Nächte kein Auge zumachen konnte. Wir hatten Unterricht bei Professor Althaus am großen Tisch im „Stalinhaus", nicht mal mit stützenden Streichhölzern hätte ich die Augen offen halten können, und so bin ich wahrscheinlich an dem Tisch, an dem Stalin saß, mit dem Kopf auf die Tischplatte gesunken, ohne beim „Weckruf“ unseres Dozenten zu wissen, ob ich gerade eingeschlafen oder schon ein paar Minuten entschlummert war. Professor Althaus sprach dann ganz leise: "Ihr geht jetzt nach Hause und legt euch hin." Ein angenehmer Professor, ich habe ihn in guter Erinnerung, und es sind wahrscheinlich stets solche Menschen, für die ein Stückchen im Gehirn immer freigehalten wird.

Natürlich hat der große Stalin nicht an diesem schönen Tisch gesessen und er hat wahrscheinlich auch nicht diese wunderbare Holztreppe bewundert, die zu unseren Unterrichtsräumen nach oben führte und die ich im Laufe meines Studiums hundertmal rauf und runter rannte. Es ist zwar nicht verbürgt, aber es wird berichtet, dass Stalin mit seinem klassenkämpferischen und revolutionären Instinkt sofort alle bourgeoisen Möbel verbannt und den Befehl erteilt haben soll, Feldbetten aufzustellen.

Irgendwann 1962 nahm mich der kleine Lieferwagen der Filmhochschule mit nach Berlin, mit der Verpflichtung, im Deutschen Fernsehfunk in Adlershof einige Filmrollen abzuliefern. Für mich kein Problem, denn ich kannte mich inzwischen auf dem Adlershofer Gelände gut aus. Das Fahrzeug transportierte unter anderem auch die Streifen, die kein normaler DDR-Bürger zu Gesicht bekam, die aber zu Studienzwecken den Studenten zugänglich gemacht wurden, von Fellinis "8 1/2" bis Antonionis "La notte".

Jedoch der Film, den wir jetzt zurücktransportierten, wurde auch nur uns „Auserwählten" vorgeführt, aber nicht zur Erbauung, sondern zur Abschreckung, übrigens in dem Raum, in dem die angehende Schauspielerin Monika Hildebrand, wie schon berichtet, rief: "Fritz, gib' meine Hose her". Der Streifen hieß "Monolog für einen Taxifahrer", geschrieben von Günter Kuhnert, inszeniert von Günter Stahnke. Noch eine weitere Gruppe von „Auserwählten" durfte diesen Film sehen, es waren die Mitglieder des SED-Zentralkomitees und die fanden die Gedanken des Taxifahrers, die übrigens Armin Mueller-Stahl sozusagen unter Bild sprach, weder anregend noch lustig und so habe ich als Helfershelfer zusammen mit dem Kraftfahrer, ohne es zu wissen, diesen bis heute nicht gesendeten Fernsehfilm 1962 praktisch direkt in den Giftschrank des Adlershofer Fernsehens gelegt.

Als Begründung las ich dann in der Zeitung von den unglaublichen ideologischen Verfehlungen dieses Regisseurs und seinem Versuch, die Kulturpolitik der DDR zum Einsturz zu bringen, auch mit seinem anderen nihilistischen und formalistischen Machwerk „Fetzers Flucht". Wenn man heute diesen horrenden Unsinn liest, den die Saubermänner Stahnke aufs Zelluloid schmieren wollten...den gesteuerten Volkszorn und Kulturfunktionär Rodenberg kann man sofort vergessen, sich wundern und schmunzeln konnte man nur über einige seiner DEFA-Kollegen, die eifrig Empörung mimten über dieses die Massen demoralisierenden Fernsehfilmchens.

Zum ersten Mal lief Günther Stahnke, in grünen Wildlederschuhen und ganz und gar Regisseur, live auf dem DEFA-Außengelände an mir vorbei als ich Wachsoldat an Hitlers Wolfsschanze war, er drehte innerhalb einer Dokumentation zum 20. Juli die szenische Darstellung des Attentats. Ich hatte als Student der Filmhochschule so lange Haare, dass ich normalerweise nur für die Beatles hätte Spalier stehen können und zog deshalb den Stahlhelm tief über den Kopf, so dass der Regieassistent diese „historische Ungenauigkeit" nicht bemerkte und ich als armer Schlucker das so genannte Kleindarstellerhonorar einstreichen konnte.

Später wurden Stahnke und ich Arbeitskollegen im DDR-Fernsehen, und wir haben, wie ich glaube, eine Menge ansprechender Sendungen vom Jux bis zur Komödie produziert, unter anderem das Fernsehspiel mit dem unschwer politisch zu deutenden provokanten Titel: „Sonnig, aber Frosteinbrüche". Ein bisschen wollte Stahnke wahrscheinlich schon immer den Stachel wider die Obrigkeit löcken, obwohl er doch die DDR-Volksweisheit kannte: „Ob's regnet, ob die Sonne lacht, das hat für uns die SED gemacht“. Schlau wie er war, wählte er vorsichtshalber einen sowjetischen Autor, die Freigabe des für DDR-Verhältnisse politisch nicht ganz astreinen Drehbuches war leichter zu erreichen als bei einem kritischen Autor der westlichen Hemisphäre. Etwas Gutes hatte diese Fernsehproduktion, der jungen Marijam Agischewa war ein Erfolg versprechender schauspielerischer Einstand gelungen.

Allerweltskerl Heinz-Florian Oertel

Selbstverständlich übernahm ich auch die Produktionsleitung für einen Diplomfilm, ein algerischer Regiestudent drehte nach einer Erzählung des französischen Autors André Stil „Monsieur Wanesse".

Ich musste aus Zeitgründen den Film an einen Kommilitonen übergeben, erinnere mich aber noch genau der Schwierigkeiten, die sich vor uns auftaten: Die Beschaffung des französischen Personenkraftwagens „DS 19", der Auftritt algerischer Schauspieler/Laien, 40% der Einstellungen waren Außenaufnahmen bei „echter Dämmerung", diese Tageszeit ist auf wenige Minuten beschränkt und das alles bei einem Finanzrahmen, der mehr als Organisationstalent erforderte.

1963 schrieb ich meine Diplomarbeit, und zwar in der Sportredaktion des Deutschen Fernsehfunks, in der ich das letzte Studienjahr als praktisches Jahr absolvierte. Um es vorweg zu nehmen, mehr als die Note genügend war nicht drin. Ich schrieb ein Sammelsurium von Für und Wider und sog mir aus den Fingern eine Menge „Zündstoff", jedoch selbst diese harmlosen Widersprüche lehnte der Mentor ab. Sein Name wurde dann gestrichen und es ging normal weiter.

Das Sportprogramm eines Fernsehsenders als solches ist sicherlich für viele Zuschauer interessant. Ein wirklich lohnendes Thema für eine Diplomarbeit aber war nicht zu finden und einer der wichtigsten Fragen hinter vorgehaltener Hand: "Wie muss man sich verhalten um seine KA (Kapitalistisches Ausland) -Tauglichkeit ständig unter Beweis zu stellen? war tabu. Eine falsche Bewegung oder ein falsches Wort und der Einsatz im westlichen Ausland rückte in weite Ferne, keinem Redakteur und keinem Reporter musste das erläutert werden.

Es war schon psychologisch grotesk zu erleben wie sich leitende Genossen nach einer Japanreise selbst für weise hielten und den daheim Gebliebenen die große Welt erklärten.

Einer war für alle Länder geeignet, Heinz Florian Oertel, und ihn lernte ich während dieser Zeit kennen. 35 Jahre später las ich seine Erinnerungen, vieles was er sagt, kann man unterstreichen, was den Untergang der DDR anbelangt, sehe ich allerdings die Ursachen für das klägliche Verschwinden dieses Staates nicht im Rahmen von Missverständnissen und harmlosen Scharmützeln.

Als Student im Praktikum durfte ich ihn 1963 zu den DDR-Meisterschaften der Leichtathleten in Jena und zu einer Pressekonferenz in Magdeburg anlässlich des Fußballspiels DDR - Bulgarien begleiten, wo er mich als Trainerassistent einschleusen wollte, vorsichtshalber habe ich aber lieber in seinem Wartburg gewartet bis er zurückkam, und ich konnte mich stundenlang mit ihm unterhalten auf der Fahrt Richtung Schleiz. Er war witzig, freundlich und geistreich, das muss ich ihm bestätigen. Ich habe mich auch nicht lumpen lassen und an der Jugendkurve beim Schleizer Dreieckrennen den Chefbesorger für Kaffee und Bockwurst gespielt, natürlich alles von Oertel gesponsert.

Gewürzt wurde unsere Anreise am Morgen zur Jugendkurve durch die Tatsache, dass der Kraftfahrer am Abend vorher im Hotel zu tief ins Glas geguckt hatte und nur durch das, sagen wir, kräftige Zuwedeln von frischer Luft mit einem nassen Handtuch, zu bewegen war, sich ans Lenkrad zu setzen. Oertel soll an dieser Aktion als Täter beteiligt gewesen sein. Als wir endlich vom Hotel losfahren konnten, war die Strecke im Prinzip schon gesperrt, aber Oertel war bekannt wie ein bunter Hund und bekam freie Fahrt Richtung Jugendkurve.

Nicht nur Oertel war nicht langweilig, sondern auch der eben geschilderte Kraftfahrer, in Tateinheit mit seinem Fahrzeug. Um eine weitere Begebenheit mit diesem Kollegen zum Besten zu geben, muss ich in die Zeit nach Erlangen des Diploms springen.

Ich war seit dem 1. September 1964 festangestellter Mitarbeiter der Hauptabteilung Wirtschaft/Wissenschaft geworden und der ansonsten freundliche und sehr umgängliche Fahrzeuglenker fuhr einen Drehstab (erinnern kann ich mich noch an Kameramann Groth und Regisseur Radziwill) zur Leipziger Frühjahrsmesse 1965... und es schneite. Auf der Autobahn 50 km hinter Berlin Richtung Leipzig zerbarst die Frontscheibe und wir kamen blau angelaufen in Leipzig an. Jedoch der Kollege Kraftfahrer hatte seine Möglichkeiten noch nicht ausgeschöpft.

Ich erkrankte in Leipzig und konnte kaum laufen, Produktionsleiter Bayer war großzügig und beauftragte den Kraftfahrer auf meine Bitte hin, mich zu meiner Mutter nach Sonneberg zu fahren. An der 12-prozentigen Steigung zwischen Lichte und Neuhaus am Rennweg brach das Kupplungsgestänge des Wartburgs und das bei Schnee und Eis. Jetzt tat mir der Kollege wirklich leid, zumal ich ihm überhaupt nicht helfen konnte, da ich eigentlich vom ärztlichen Standpunkt aus hätte getragen werden müssen. Ich hatte Glück im Unglück, da das Fahrzeug genau an einer Haltestelle der Bus-Linie Saalfeld-Sonneberg seinen Geist aufgab. Wartende Fahrgäste halfen mir samt Koffer in den Bus.

Der „kalte Krieg" zwischen Ost und West wirkte sich dann direkt auf mein weiteres Schicksal zwischen Lichte und Sonneberg aus. Nach dem Mauerbau 1961 wurde Sonneberg als „Grenzstadt an der Nahtstelle zweier Weltsysteme" mit in das Fünf-Kilometer-Grenzsperrgebiet einbezogen und so wurde ich zwischen den Ortschaften Hüttengrund und Köppelsdorf aus dem Bus geholt, weil ich an der dortigen Kontrollstation logischerweise keinen vorher zu beantragenden Passierschein vorweisen konnte. Mein Hinweis auf meine Krankheit und dass meine Mutter in Sonneberg wohnt, nutzte nichts. Es wurde telefoniert und telefoniert und plötzlich näherte sich das Glück in Gestalt eines geheizten Wolgas dem Kontrollpunkt und ich hörte die wohlvertraute Stimme meines "alten Freundes" Reinhard Bätz, der damals den obersten Spielwarenherstellerverantwortlichen der DDR fuhr. Er lud mich ein und brachte mich zu meiner Mutter nach Sonneberg. Erst Anfang der 70er Jahre war der Besuch Sonnebergs wieder reibungslos möglich.

Monate später traf ich meinen Kraftfahrerkollegen in der Kantine in Johannisthal. Er hatte in Lichte seine Brieftasche buchstäblich mit allen Ausweisen verloren, inzwischen aber wieder unter großem Aufwand sich neue Papiere besorgt. Wenn er von der tagelangen volkseigenen Reparaturodyssee des Wartburgs im kalten verschneiten Thüringer Wald sprach, hatte ich das Gefühl, dass ihn der Jammer der ganzen Menschheit packte. Und diese unsägliche Geschichte endete damit, dass nach der Schneeschmelze ein Bürger aus Lichte ihm seine kompletten Papiere zuschickte. Manchmal glaube ich, es trifft immer die freundlichsten Mitmenschen.

Gaudeamus igitur

Was war das also für eine Studienzeit an der Deutschen Hochschule für Filmkunst in Potsdam–Babelsberg?

Es waren hochinteressante Jahre, trotz „knapper Kasse“ gab es „alles“ und vor allen Dingen das wichtigste: "Schnaps und Weiber." (Ich benutze diesen Ausdruck nur, weil die beiden Worte Schnaps und Weiber überhaupt nicht zusammenpassen und ein vor mir sitzender Kommilitone bei der Immatrikulationsfeier auf die von Rektor Kurt Maetzig in den Raum gestellte Frage: "Was ist das wichtigste für einen Filmstudenten?" sicherlich in dieser Lautstärke ungewollt, aber für viele "Studienanfänger" deutlich vernehmbar, mit gemütlicher Stimme bemerkte: "Schnaps und Weiber.")

Gaudeamus igitur, unser frisch immatrikulierter Mitstreiter hat also gleich zu Anfang den Text des ältesten und bekanntesten Studentenliedes richtig übersetzt: "Lasst uns alle fröhlich sein."

Und es gab keine Massenabfertigung wie ich es in Dresden an der Technischen Hochschule erlebt habe, das Leben spielte sich in einer legendenumwobenen Gegend ab, bis August '61 sogar (im Prinzip) ungehinderte Fahrt durch Westberlin.

In mehreren Villen gelebt und als Krönung im Stalinhaus Lenins Devise (teilweise) befolgt: "Lernen, lernen und nochmals lernen", ohne jemals den Status eines Glanz- und Gloriastudenten zu erreichen.

Der Stundenplan war hochinteressant, bei einigen Dozenten machte es mehr als Spaß... Leider haben der verordnete hausbackene Sozialistische Realismus und die unsäglichen Formalismusdebatten auch den begabtesten Filmstudenten den notwendigen Weg Richtung "Weltfilmkunst" schwer finden lassen.

Einige Fächer waren, wie wir heute wissen, nicht zukunftsträchtig. Meine Lieblingsbücher waren: „Das Lehrbuch der Politischen Ökonomie" mit seinen 835 enggedruckten Seiten und die „Geschichte der Kommunistischen Partei der Sowjetunion" mit ihren 968 Seiten.

Beide Bücher besitze ich natürlich heute noch. Sie liegen auf dem Boden, i c h werde sie wahrscheinlich nicht mehr hervorkramen müssen, aber meinem Sohn habe ich das Versteck schon mitgeteilt, für den "Notfall".

Wer alles rund um den Film erleben und auch noch studieren darf, der nimmt auch diese „politischen Notwendigkeiten” in Kauf.

Während meines Studiums stand der Sieg des Sozialismus schon felsenfest, schöpferische Diskussionen in diesen einschlägigen Lehrfächern, die auch nur einen Zentimeter vom vorgeschriebenen Weg abwichen, gab es nicht, alles musste nach Wunsch hergebetet werden und wurde es dann auch von unseren Besten und die Lehrkräfte waren zufrieden. „Falsche Fragen” wurden schon damals nicht gestellt.

Ich erinnere mich nur an einen einzigen Studenten, der es wagte, furchtlos wider die Obrigkeit zu agieren, in dem er einen Aufruf an die Wandzeitung heftete, dessen genauen Inhalt ich nicht mehr weiß, aber seine lateinische Überschrift: "Hic et nunc." (Frei übersetzt: Was hier und jetzt sofort getan werden müsste!)

Verwerfungen der menschlichen Psyche waren aber schon damals an der Tagesordnung: Ein Student forderte bei der sofort einberufenen Vollversammlung nach dem Mauerbau 1961 spontan, kämpferisch und selbstlos, dass sich alle Studenten (die meisten Mitstreiter hatten wie ich schon "ehrenvoll" gedient) sofort für den Dienst an der Waffe entscheiden müssten, um den Kriegstreibern in Bonn und Westberlin ein für alle Mal das Handwerk zu legen. Wie sich später herausstellte, war der junge Mann völlig dienstuntauglich.

Ich nehme an, es war einer jener Genossen, die das damals oft übliche Co-Referat nach der Hauptrede des Parteisekretärs halten mussten und somit die offizielle Linie spontan mit persönlichen und ach so ehrlichen, scheinbar aus tiefstem Herzen kommenden Bekenntnissen untermauern sollten.

„Spontan begeistert” waren klassenbewusste Bürger auch von der Einstellung des direkten S-Bahn-Verkehrs zwischen den Randgebieten der DDR und Westberlins, ich nicht.

Der Bahnhof Griebnitzsee wurde dicht gemacht. Ich erinnere mich, vor der Schließung zwei junge Schauspieler beim Verlassen des Bahnhofs beobachtet zu haben, die später viel für unsere Heitere Dramatik gearbeitet zu haben, Helga Piur und Stefan Lisewski. Hätte ihr damals bei der DEFA gedrehte Spielfilm bloß nicht den Titel gehabt: „Wo der Zug nicht lange hält”.

Für uns Studenten, aber nicht nur für uns, begannen jetzt die stundenlangen „Sputnik-Fahrten” auf dem Außenring Richtung Berlin, viermaliges Umsteigen eingeschlossen.

Trotzdem empfand ich das Studentenleben in Babelsberg und das gesamte Drum und Dran so interessant, dass die politische Realität die Freude kaum beeinträchtigen konnte. Wir waren keine Kinder von Traurigkeit und für einen kleinen Umtrunk hatten wir immer Zeit und unerklärlicherweise auch genügend Geld, manchmal haben wir uns auch „zuviel“ erlaubt.

Abwechslung gab es genug in Babelsberg, herrliche „Fastnächte" in allen Räumen der Filmhochschule, im Originaltext: „Karnerakel in BIWA-VISION: Winterschlussverkauf - alles darf angefasst werden“. Auch in der einen Steinwurf entfernten Sommerresidenz des Prinzen Wilhelm, des späteren Kaisers Wilhelm I. rannten wir als Faschingsgaudisten durch die Gegend. Das Schloss Babelsberg war zwar durch den Besuch der Roten Armee und anderen Zweckentfremdungen mächtig heruntergekommen, aber bei diesem herrlichen Studentenkarneval wurde weniger auf Schinkels Baukunst geachtet, das Objekt der Begierde war ein anderes.

Natürlich sind wir auch während der „Närrischen Zeit" zum „Faulen Zauber" nach Berlin gefahren (zu Beginn der Studienzeit noch durch das besondere Territorium Westberlin).

In den „Pro-Bier-Sälen" der geistreichen Karnevalsdekorationen lauschten wir im kolorierten Festgewand einem Symposium über angewandte Faschemie, im Original hieß das Motto: „Wenn wir in Lösung gehn und alles doppelt sehn und ab und zu auch mal 'ne kleine weiße Maus, dann hilft nur Spiritus im großen Überschuss, und wir fall'n alle...alle...alle wieder aus."

Fernsehen forever

Am 1.September 1964 begann der Fernsehernst des Lebens oder der Ernst des Fernsehlebens. Meine Arbeitsstelle hieß: Staatliches Rundfunkkomitee, deutscher Fernsehfunk, Berlin-Adlershof, Rudower Chaussee 116.

Vorsitzender des Staatlichen Rundfunkkomitees der DDR war seit 1962 ein Mann, der als „Topagent der Kommunistischen Internationale und der Sowjetunion in den USA" 1947 vor dem unrühmlichen „Ausschuss zur Untersuchung unamerikanischer Umtriebe" saß, Gerhart Eisler.

Ein Passus in meinem Arbeitsvertrag lautete: "Ihre Stellung im deutschen Fernsehfunk ist eine besondere Vertrauensstellung, die bedingt, dass Sie Ihre Aufgaben in tiefem Verantwortungsbewusstsein gegenüber der Deutschen Demokratischen Republik zuverlässig erfüllen." Es ist keine Hochstapelei wenn ich behaupte, dass ich bis zum bitteren Ende am 31.12.1991 unter den gegebenen Umständen eine gute bis sehr gute Arbeit geleistet habe, und das mit Freude.

Das Kennenlernen der gesamten Republik war natürlich die Folge der Filmarbeit an allen Ecken und Enden des Landes.

Und so dauerte es nicht lange und ich landete plötzlich wieder in Dresden, diesmal zu Dreharbeiten im Hause von Professor Manfred von Ardenne. Eine vorzüglich eingerichtete Villa, mit einem Blick so weit das Auge reicht. Ich stand schüchtern in der Ecke und verneigte mich ständig wie ein Kammerdiener der untersten Stufe, nachdem Regisseur Werner Schwarz auf dem Schreibtisch des Meisters zwecks Vorbereitungsarbeiten ein Bild anhob (es war ein Foto Walter Ulbrichts mit Widmung) und postwendend von einer Mitarbeiterin des Wissenschaftlers zurechtgewiesen wurde, dass alles an seinem Platz zu bleiben habe.

Es gab keine belegten Brote, nur zum Schluss spendierte der Hausherr persönlich eine Flasche Schnaps. Der Kommentar eines Beleuchters: "Schwach, äußerst schwach." Ich weiß nicht, worauf sich diese Einschätzung bezog, auf dem Aufkleber stand allerdings auch nur ein Alkoholgehalt von 20%.

Von Anfang an wurde mir der erste unausgesprochene Merksatz dieser Branche immer wieder vor Augen geführt: Ein Mitarbeiter hielt den anderen im Prinzip für ahnungslos. Die Devise lautete: "Keine Ahnung haben viele, aber gar keine Ahnung... " Um dem zumindest ein bisschen zu entgehen, habe ich Fernseharbeit von der Pike auf gelernt, viel gelernt, natürlich auch Lehrgeld bezahlt. Und ich war echt neugierig. Produktionschef Heinz Kaerstens hatte mir durch einen hervorragenden und umfassenden Ausbildungsplan ermöglicht, buchstäblich alle und alles im Adlershofer Fernsehzentrum kennen zu lernen und mich aufgefordert, bis ins Detail die Ohren zu spitzen und scharf zu beobachten, vom Lavendel (Meister-Positiv des Originalnegativs bei Schwarzweißfilmen, zu dieser Zeit wurde im Deutschen Fernsehfunk noch viel schwarz-weiß gedreht) über die Arbeitsweise eines Regisseurs, Wolfgang Luderer inszenierte live eine Folge der Reihe Fernsehpitaval, bis zu den Fäden, die in der Produktionszentrale gezogen wurden.

Der Berg ruft

Als meine Frau und ich an unserem Silberhochzeitstag am 9. Mai 2000 um sechs Uhr in der Früh aus unserem Zermatter Hotelzimmer schauten, lag die Spitze des Matterhorns schon im gleißenden Sonnenlicht. Bei total blauem Himmel und Windstille ging es dann mit der Zahnradbahn auf den 3138 Meter hohen Gornergrat in den ewigen Schnee.

Von vielen Berggipfeln im Thüringer Wald hatte ich eine wunderbare Aussicht, der Blick allerdings von diesem Schweizer Hochgebirgspanorama über die Viertausender-Bergkette mit dem alles überragenden Matterhorn ist wirklich einmalig. Nur wer ganz oben ist, hat halt die besten Aussichten. Und genauso muss ein Berg aussehen: Stolz, erhaben und 4.478 Meter hoch und es spricht für die Schweizer, dass sie ihn das „Hörnli" nennen.

Wir besuchten zum ersten Mal dieses Land und ich musste sofort an die wunderbare Bemerkung des österreichischen Kabarettisten und Schauspielers Helmut Qualtinger denken: „Die Schweiz? Die Schweiz ohne Berge - ein flaches Land."

Ich hatte schon viele Jahre vorher eine erste indirekte Begegnung mit diesem bemerkenswerten Land, denn 1966 begann ich meine Arbeit als Produktionsleiter in der „Schweiz des Fernsehens", so nannte mein Kollege Klaus Tudyka die Abteilung Heitere Dramatik, wobei er allerdings auf den Zusatz bestand: Aber unterbezahlt. Nicht vergessen darf man jedoch, dass auch in der Schweiz nicht alles Gold was glänzt, von Herrn Uri hinterlegt worden ist. Nicht zu verwechseln mit der von Rudolf Platte gespielten Figur des Herrn Uri in Helmut Käutners köstlichem Filmdauerläufer "Zürcher Verlobung".

Unsere kleine „heitere" Abteilung war im Grunde genommen von den direkten harten politischen und täglichen Klassenkämpfen auf dem Bildschirm und in den Redaktionen des DDR-Fernsehens im wesentlichen nur umspült worden, ich habe es jedenfalls so in Erinnerung. Die großen politischen Aufgeregtheiten und Wichtigtuereien vor, während und nach diesem oder jenem Parteitag, dieser oder jener ZK-Tagung oder auch das „unglaubliche Aufgescheuchtsein" nach diesem oder jenem Direktanruf eines führenden Repräsentanten der Staatsmacht in den oberen Adlershofer Etagen wurden uns natürlich in den Argumentationen als Punkt

Nummer Eins „nahe" gebracht und als das wesentliche Rüstzeug eines Fernsehmitarbeiters ausgewiesen, aber na ja, es ging halt alles seinen sozialistischen Gang. Eine ganze Weile hielten sich in der Belegschaft auch die einfachen philosophischen Feststellungen: "Du darfst das alles nicht so verbissen seh'n..." und: "Du musst immer denken, dass geht dich alles gar nichts an."

Ende der 80-er Jahre habe ich zwar die erfolgreiche Politik unter der 24-Stunden-Leitung des Genossen Honecker ab und zu auf dem Bildschirm noch gesehen, aber richtig wahrgenommen nicht mehr, deshalb ist mir auch die zuletzt in Adlershof kursierende Losung in Erinnerung geblieben: "Privat geht vor Katastrophe."

1. Klappe bei der DEFA in Babelsberg

1960 lernte ich zum ersten Mal das Mekka des Films kennen, die 1912 eingeweihten Neubabelsberger Ateliers. Mit der Kommilitonenmeute stolperte ich als Filmstudent in das 1929 fertig gestellte „Tonkreuz"-Atelier auf dem DEFA-Spielfilmgelände. Götz Friedrich inszenierte Leos Janáceks Oper „Das schlaue Füchslein", unser Geschnatter störte verständlicherweise den Regisseur und er schrie: „Ich habe meine Brille nicht auf, sagt mit sofort, wer diesen Lärm verursacht."

1960 betrat ich noch mit weit aufgerissenen Augen das Filmgelände, 1967 mietete ich als Produzent des Deutschen Fernsehfunks die große (heutige Marlene Dietrich-) Mittelhalle, um eine „Revue um Mitternacht" zu realisieren. In Erinnerung sind mir geblieben: Jacques Offenbachs Musik natürlich, die Namen der Librettisten Ludovic Halévy und Henry Meilhac und die unkonventionelle Berufsausübung der Regisseurin.

Viele Regisseure halten Herumbrüllen am Drehort oder im Studio für einen Teil ihrer künstlerischen Konzeption. Diese Regisseurin behauptete eine hieb- und stichfeste Konzeption zu haben, die sie aber scheinbar nicht verraten wollte. Frau S. inszenierte folgendermaßen: Gang zur Kamera 1, neunminütiges Gespräch mit dem Kameramann, Gang zurück zum Regiemonitor, Unklarheiten nicht beseitigt, Gang zur Kamera 2, Gespräch mit dem Kameramann, Gang zurück zum Monitor, Gemurmel in allen Ecken des Studios, weitere Unklarheiten, Gang zur Kamera 3... usw. ... . Nichts ging dann mehr.

Wir hatten es mit der Welt der Operette, nach Jacques Offenbach nun Jean Gilbert.

Im selben Jahr mietete ich die große Messehalle 17 in Leipzig an und wir produzierten "Die keusche Susanne".

"Russenoper"

Nach dem Zweiten Weltkrieg entstand für Militär- und Zivilangestellte der Roten Armee das Theater Karlshorst, im Volksmund „Russenoper" genannt.

Als ich Ende 1995 in der Zeitung las, dass Mercedes-Benz dem Theater am Bahnhof Berlin-Karlshorst 30 000 DM für einen Eisernen Vorhang spendierte, damit der Spielbetrieb wieder aufgenommen werden kann, konnte ich nur lächeln, denn 1967 mietete ich vom verantwortlichen russischen Major das Theater für einige Tage. In einer Aktentasche, die ich heute noch besitze, brachte ich dem Major viele große Geldscheine, er unterschrieb eine Quittung, gab mir die Hand und alles war perfekt. Diese verblüffend einfache Vertragsgestaltung war mehr eine Art freundlicher Befehl, aber es funktionierte und wie es funktionierte. Gegenüber dem verantwortlichen hohen Offizier der Berliner Feuerwehr, der ohne Eisernen Vorhang keine öffentliche Theateraufführung des DDR-Fernsehens zulassen wollte, nahm der russische Major keine drohende Befehlshaltung ein, er sagte nur: „Deutsche Theater alle eiserne Vorhänge, viele Brände, wir keinen Vorhang, keinen Brand. Also spielen."

Wobei der Feuerwehrmann eher in Schutzhaft genommen worden wäre, als dass der sowjetische Major auch nur einen Geldschein wieder herausgerückt hätte.

Am 24. und 25. Juni zeichneten wir Günther Weisenborns so genannte interstellare Posse „Zwei Engel steigen aus" in Anwesenheit des Autors auf.

Eine Hauptrolle spielte der bekannte Kabarettist Wolfgang Troegner. Er erschien nicht zur ersten Kameraprobe. Um 14.00 Uhr zur zweiten Probe kam er ins Theater mit einem großen Pflaster quer über die Stirn. Regisseur Hans Knötzsch, gar nicht fein, fragte: „Bist du gegen die Theke gelaufen?“ Keine Antwort.

Die „Heitere Abteilung“ in den Sechzigern

Es waren die 60er Fernsehjahre, in denen wir das erste für das Fernsehen der DDR geschriebene Musical „Vorsicht, Kurven" produzierten. Bianca Cavallini sang, der erfolgreiche Knödelvokalist Thomas Lück versuchte sich als Schauspieler und Gerd E. Schäfer spielte einen Schuhverkäufer, eine Fingerübung bevor er zum unvergleichlichen Maxe Baumann avancierte.

Wir realisierten „Knobelkrimis", offiziell: Fernsehgesellschaftsspiel, mit Zuschaueranrufen. Der Zuschauer konnte unserem Moderator Horst Lehn den Täter am Telefon nennen, falls er eins hatte. Und wehe, die Struktur des Krimis war von Regie und Dramaturgie nicht klar herausgearbeitet, dann bekamen wir es mit dem Autor zu tun, dem bekannten Strafverteidiger Professor Kaul. Ausgedruckt hieß die Serie „Fahndung mit Musik", und die am 31. Januar 1968 ausgestrahlte 1. Folge hatte den Titel: „Es ist aus, Geliebter".

Es waren Fernsehjahre, in denen, verglichen mit vielen heutigen unsäglichen Unterhaltungssendungen und ihren prominenten Plastikmenschen fast Unglaubliches geschah. Wir engagierten für eine unserer politischen Unterhaltungsrevuen „ND-Pressefest" im alten Friedrichstadtpalast Wolfgang Heinz und der große Mime sprach tatsächlich auf der Bühne Goethes Prometheus: „Bedecke deinen Himmel, Zeus, mit Wolkendunst und übe, dem Knaben gleich, der Disteln köpft, an Eichen dich und Bergeshöhen; musst mir meine Erde doch lassen stehen..."

Ich selbst hatte scheinbar die absurde Realität der DDR-Abgrenzungspolitik zum Westen noch nicht genug verinnerlicht, denn bei einem Vertragsgespräch mit Wolf Leder, dem langjährigen Ausstattungschef des Friedrichstadtpalastes, wollte ich doch tatsächlich mit diesem Bewohner Westberlins inklusive seines Westwagens in unser sozialistisches Johannisthaler Fernsehgelände eindringen. Begleitet vom Gentleman-Lächeln Wolf Leders habe ich schnellstens die notwendigen Papiere besorgt, natürlich mit der Anweisung: „Das Fahrzeug ist auf dem Parkplatz vor dem Gelände abzustellen.”

Aus den 60er Fernsehjahren ist mir noch Redaktionsleiter Kröning in Erinnerung. Bei einem Streitgespräch über die politische Welt und was sie so im Innersten zusammenhält, warf mein Kollege Klaus Tudyka mutig den Kernsatz in die Diskussion: „Lügen wir uns doch nichts in die hohle Tasche.“ Diese Bemerkung missfiel dem politischen Leiter sehr, vor allen Dingen die hohle Tasche empfand er als Provokation.

Und ich lernte natürlich Heinz Adameck kennen, den Intendanten des Deutschen Fernsehfunks. Es muss im Sommer 1967 gewesen sein, ich hatte gerade meine Arbeit als Produktionsleiter in der Fernsehunterhaltung mit Hauptsitz an der traditionsreichen Ruderregatta-Strecke in Berlin-Grünau aufgenommen. Und genau dort schwamm ich an manchem Sonnabend ein paar Runden in der Dahme mit Duldung des älteren Pförtners. An einem jener Wochenenden wartete ich dann an der vor unserem Fernsehgebäude befindlichen Haltestelle lange vergeblich auf die Straßenbahn. Ich zweifelte an meiner Uhr und wollte die Gelegenheit nutzen, einen sich der Haltestelle nähernden Herrn in Trainingsanzug mit einer Art Kapuze nach der genauen Zeit zu fragen. „Entschuldigung, können Sie mir sagen, wie spät es ist?" Der Herr gab freundlich Auskunft: „Halb fünf". „Danke". Die Straßenbahn kam immer noch nicht, aber der Pförtner schaute aus dem Fenster seiner Loge. Als ich ihm sagte, dass der Mann eben aussah wie Adameck, sagte er mir: „Das i s t Adameck, der wohnt um die Ecke und das hier ist seine Laufstrecke zum Fitbleiben."

Die nächsten vierundzwanzig Jahre, bis zum 31. 12. 1991, habe ich kein Wort mehr mit dem allerhöchsten Fernsehmitarbeiter gesprochen. Nach der Wende war er praktisch so gut wie vom Erdboden verschwunden.

Angelika Domröse mochte den böhmischen Humor ...und seinen Repräsentanten

Es muss Anfang der 70er Jahre gewesen sein, die Abteilung Heitere Dramatik produzierte das sowjetische Stück „Zwei einsame Herzen", kein optimistischer Titel für die Bewohner der alle und alles gleich machenden Plattenbauten. „Alles Verleumdung, das Wohnen in den Plattenbauten sei gar nicht so schlimm", riefen damals und rufen heute Politiker und Hausbesitzer aus ruhigen Villengegenden. Ein stark betrunkener Sowjetbürger steigt in das falsche Flugzeug und landet nicht in Moskau, sondern in Leningrad, lässt sich mit dem Taxi in die gleichnamige Straße fahren und auch seine Wohnungsschlüssel passen. Schon damals eine kritische Sicht auf den Beginn der Plattenbauten in den Großstädten.

Angelika Domröse und Günter Junghans spielten. Aus Zeitgründen, Probenräume lagen oft am Stadtrand, probierten wir in der Wohnung des Regisseurs Eberhard Schäfer genau gegenüber der späteren geschichtsträchtigen Ständigen Vertretung der Bundesrepublik Deutschland in der Hannoverschen Straße.

Angelika Domröse, unglaublich kapriziös und anziehend wirkend, hatte auch Humor. „Wollen wir Sekt trinken, Eberhard?" Mein Kollege aus der Heiteren Dramatik, den prallen Dingen des Lebens immer verpflichtet: „Gerne". „Dann gib doch mal 20 Mark, Schäferchen.". Junghans hatte übrigens sein Engagement mit den Worten bestätigt: "Piff, paff, puff, das mach' ich euch".

Die Aussage des Stückes ließ natürlich die politischen Erbauer Marzahns nicht in Jubel ausbrechen, aber gegenüber dem großen Bruder war man kleinlaut, außerdem milderte der Spaß das große Nachdenken. Der große Bruder war in Gestalt des Autors Eldar Rjasanow zur so genannten Abnahme in Adlershof erschienen und was in Wodka endete, kann nicht schlecht geworden sein, zumal es ein doppelter war.

Der Autor, Angelika Domröse und ihr damaliger Ehemann Jiri Vrstala, ausgestattet mit dem den Böhmen eigenen Charme und in der DDR allen, besonders den Kindern als Clown Ferdinand bekannt, Eberhard Schäfer, Dramaturg Klaus Tudyka und ich tranken in der legendären Sendezentrumskantine „Wanne" auf den Erfolg. Das Paar Domröse/Vrstala fuhr weiter in die Goldene Stadt Prag.

Als ehemaliger Arbeitsschutzbeauftragter der Gewerkschaft muss ich pflichtgemäß noch anmerken, dass später der Alkoholausschank prinzipiell verboten wurde, nachdem ein Beleuchter in einem Johannisthaler Studio von der Brücke gefallen war.

Unvergessene Agnes Kraus

Die Fernsehserie „Dolles Familienalbum" (Sendebeginn: 29. September 1969) haben wir im größten Filmatelier der Welt produziert, so behauptete zumindest im Mai 1920 der täglich erscheinende „Filmkurier für Film-Variete-Kunst- Mode-Sport-Börse" anlässlich der Eröffnung der Johannisthaler Film-Ateliers (Jofa), Am Flughafen 6a.

Zu unserer Zeit war das damals eingebaute Normalspurgleis weder im Studio noch vor den zur Ostseite Richtung Flughafen zu öffnenden Ateliertore vorhanden. Der Flugplatz Johannisthal wurde 1909 eröffnet und nahm als erster in der Welt 1919 den Flugzeug-Linienverkehr auf. Die Abgeordneten der Nationalversammlung wurden hier zwischen Berlin und Weimar hin und her befördert.

„Dolles Familienalbum" von Werner Bernhardy war ein Publikumsrenner, wir bekamen jahrelang viele Briefe mit Wiederholungswünschen, jedoch technische Unzulänglichkeiten des Materials ließen spätere Wiederholungen nicht zu. Erst 1999 ermöglichte der MDR eine Art Informationsübersicht mit nicht zu behebenden technischen Mängeln.

Diese Serie war die Sternstunde von Willi Narloch, der großartig Vater und Großvater Dolle spielte, die junge Katharina Thalbach war im FDJ-Hemd zu bestaunen. Und es wirkte eine Schauspielerin mit wie sie unverwechselbarer nicht sein konnte, Agnes Kraus.

Maximilian Jäger war damals der Chefdramaturg der Abteilung Heitere Dramatik, er kam von der Sendeleitung, wo er schon konzeptionell auf dem Papier das 3. Fernsehprogramm für die Schublade entwickelt hatte. Er war ein Ästhet, übersetzte übrigens auch das schon erwähnte sowjetische Stück „Zwei einsame Herzen” von Eldar Rjasanow aus dem Russischen. Für die raue Fernsehwelt unterhalb der Chefetage fühlte er sich nicht besonders wohl, aber er hatte Humor. Während der Dreharbeiten zu „Dolles Familienalbum" doubelte er Agnes Kraus, die mit einem Trabant am Baum landen sollte. Maximilian Jäger bekam eine Lockenperücke aufs Haupt und los ging die Unfallfahrt. Eigene Locken mussten nicht versteckt werden, er hatte kein Haar auf dem Kopf.

Während monatelanger Dreharbeiten hat man logischerweise viel direkten oder auch telefonischen Kontakt mit den Darstellern. Agnes Kraus war eine interessante Gesprächspartnerin, der Klang und der Rhythmus ihrer Stimme verrieten es nicht sofort, aber sie war immer hellwach. Ich habe mich gerne mit ihr unterhalten, zumal sie mir mit ihrem typischen

Timbre in der Stimme wörtlich sagte: "Sie kann ich gut leiden, Herr Ender."

Sie wohnte damals noch in Klein-Machnow und hatte Schwierigkeiten mit den Wohnungsnachbarn, der ihre Sprechübungen in der Stimmband-gymnastik-Reihenfolge Do-re-mi-fa-so-la-si-do mit Trommelunterstützung scheinbar nicht leiden konnten. Regisseur Eberhard Schäfer und ich erfuhren alle Unbilden des Lebens, die einen Schauspieler stören können, sofort im Telefonringgespräch. Beruhigung und Aufmunterung waren natürlich unsere erste Bürgerpflicht, nicht ganz uneigennützig, denn die Dreharbeiten mussten weitergehen, und der Regisseur wusste natürlich, dass die Schauspieler sein wertvollstes Kapital sind, sie garantieren den Erfolg.

Und dann kam jenes Telefongespräch meines Kollegen, das ich noch in so guter Erinnerung habe als sei es gestern gewesen: „Roland, hier ist Eberhard, gleich wird dich Agnes anrufen und fragen, ob es zischt wenn sie spricht, es darf auf keinen Fall zischen." Und tatsächlich, Agnes Kraus rief an... und ich habe in diplomatischer Weise jegliches Zischen beim Sprechen überhört, wobei die Aura dieser Schauspielerin sowieso kein Zahnarzt schmälern konnte.

Wenn Eberhard Schäfer in seiner im vierten Stock gelegenen Wohnung in der Hannoverschen Straße 2 telefonierte, konnte er genau durchs Fenster auf und in die Ständige Vertretung der BRD schauen. Seine Telefongespräche, die mich von dort erreichten, waren übrigens durch kein Zischen gekennzeichnet, sondern prinzipiell durch ein Knacken, das aber nicht von Schauspielern ausgelöst wurde, sondern von Leuten in abgewetzten Ledermänteln, deren Chefknacker Erich Mielke sich stilgerecht mit einer verbalen Meisterleistung unfreiwilligen Humors von der politischen Bühne verabschiedete: "Ich liebe euch doch alle."

Eine weitere kleine Episode mit der beliebten Darstellerin ist mir noch genau im Gedächtnis. Ich rief Frau Kraus an und teilte ihr mit, dass die Aufnahmeleitung aus Zeitgründen das Manuskript direkt vorbeibringt. Durch eine Umdisposition fuhr ich dann selbst über Lichtenberg, um das Manuskript in ihrer neuen Wohnung abzuliefern. Es war ein regnerischer Tag, ich schlug den Jackenkragen hoch und klingelte, aber die Haustür blieb auch nach dem dritten Klingeln verschlossen.

Am nächsten Morgen habe ich dann Frau Kraus telefonisch mitgeteilt, dass wir das Manuskript gestern Nachmittag vorbeibringen wollten, aber sie sei sicherlich nicht zu Hause gewesen. Ich habe bis heute ihre Antwort nicht vergessen: „Ich habe nicht aufgemacht, Herr Ender, da unten stand gestern so eine merkwürdige Figur mit hochgeschlagenem Kragen."

Agnes Kraus spielte noch viele Lustspiele für die Heitere Dramatik mit einem sichereren Gespür für jede Pointe. Sie war ein Profi durch und durch. Eine von uns für Rolf Herricht geschriebene Rolle mussten wir kurzfristig, da Herricht zeitlich nicht zur Verfügung stand, zu einer weiblichen Rolle umfunktionieren, was ja in vielen Lustspielen kaum Schwierigkeiten bereitet. Wir übergaben das Buch Agnes Kraus, sie nahm die Rolle an, sagte uns aber einen Tag später direkt auf den Kopf zu, das die Rolle doch bestimmt für Herricht geschrieben war.

Ich übertreibe sicherlich nicht mit der Feststellung: Es waren alles Fernsehsendungen, die deshalb nicht vergessen wurden, weil Agnes Kraus mitspielte.

Zum letzten Mal sprach ich mit der Schauspielerin hinter den alten Johannisthaler Ateliers, sie fütterte gerade herumstreunende Katzen.

Der DDR-Alkoholpegel war immer auf der Höhe der Zeit

Nicht nur im Fernsehen, auch in unseren volkseigenen Betrieben wurde der Humor in den siebziger Jahren gut bedient, wie ich bei meiner Recherchen- und Autorentätigkeit Ende der neunziger Jahre über die Industriegeschichte Lichtenbergs in Erfahrung bringen konnte.

Im Geschäftsbericht des VEB Getränkekombinats war folgende denkwürdige und groteske Passage zu lesen, hinter der man getrost Absicht vermuten kann: Das Planjahr 1970 und der Kampf um die allseitige Erfüllung des Betriebsplanes stand unter der politischen Losung: „Was Lenin sagte, geht uns alle an." Wo Alkohol im Spiel ist, kommt man wahrscheinlich ohne Humor nicht aus.

Die Volksweisheit: „Der Teufel hat den Schnaps gemacht" wurde ignoriert, die Quartalssäufer und Kampftrinker zitierten lieber den Kardinal und Arzt Vitalis de Furno aus dem 14. Jahrhundert: „Der gebrannte Wein schützt vor Fäulnis, entzieht den Pflanzen Säfte, heilt innerlich und äußerlich zahlreiche Krankheiten, erhält jung und löst die Geister."

Barackengespräche

Im März 1972 produzierten wir das Lustspiel „Gemischtes Doppel" im Kulturhaus Rüdersdorf, gestandene Schauspieler standen auf der Besetzungsliste von Regisseur Eberhard Schäfer: Katja Paryla, Karin Gregorek, Gerd E. Schäfer, Werner Senftleben...

Bekannte Schauspieler, wenn am Theater fest engagiert, waren oft schwer in den eng gesetzten Zeitablauf von Fernsehproduktionen einzubauen. Es ging terminlich nicht zusammen, darüber hinaus schauten sie sich die angebotenen Stücke zweimal an. Das Gespenst Krawallschachtel oder Knattermime schwebte über manchen Schwank. Jeden Abend gaben sie den Helden der Weltdramen ihre Stimme und ihren Körper, aber die Helden unserer heiteren Stücke hießen nicht Max Piccolomini oder Maria Stuart, sondern Erna Sommerlatte oder Maxe Baumann. Die Schwierigkeiten begannen schon oft mit einem fehlenden Probenraum. Auch bei unserem „Gemischten Doppel" mussten wir improvisieren und so fand die erste Leseprobe in unseren Redaktionsräumen statt, und da unsere Arbeitsräume in der Baracke B auf dem Johannisthaler Filmgelände waren, gab natürlich die Aufnahmeleitung ein Telegramm auf mit dem Text: 1. Leseprobe, Baracke B. Dieser unwürdige Zustand, DDR-bekannte Schauspieler führender deutscher Theaterbühnen in eine Baracke einzuladen, wurde nach DDR-Methode beseitigt, das Wort Baracke wurde durch Flachbau ersetzt.

Und genau diese Baracke mit ihrem aus Dachpappe bestehendem Dach sollte bei extrem heißen Sommertemperaturen mit Wasser besprüht werden, wurde sie auch, allerdings nur einmal, das Dach war undicht.

An Hitzetagen stieg das Thermometer in unseren Redaktionsräumen auf 28° Celsius. Und an einem solchen Tag, während unserer wöchentlichen Dramaturgensitzung, alle Fenster waren geöffnet, ein Piepmatz saß draußen auf einem Strauch, die Hitze ließ einem keinen klaren Gedanken mehr fassen, Chefdramaturg Just Wagner zwang gerade wieder den Klassenfeind in die Knie und forderte uns berechtigterweise auf, endlich Stücke anzubringen, die einen echten Einfall haben und nicht nur aus der Konstellation bestehen: Ein Hund, ein Kind, ein Opa... und was da alles so passiert, als mein aus dem Fenster schauender Kollege Manfred Petzold völlig unvermittelt in die gewaltigen Ausführungen unseres Chefdramaturgen hinein den Satz sprach: „Ich möcht' mal wissen, was das da draußen für ein Vogel ist."

Hinter dem Strauch, auf dem der unbekannte Vogel saß, begann das Gelände des ehemaligen Flugplatzes, es war Militärgelände und man hatte versucht, mit starken Rohrleitungen die Sicht zu versperren, eine Art Blechmauer... und hinter Mauern gedeihen ja die seltensten Piepmätze.

Kollege Petzold kannte zwar nicht alle Vögel, aber er hatte den Mut das Verbot der Monatszeitschrift "Sputnik" im November 1988 nicht gut zu heißen. Dass selbst friedfertige Genossen solche Entscheidungen als den Beginn einer verhängnisvollen Entwicklung erkannten, hätte der Partei zu denken geben müssen. Jedoch von ihrer penetranten politischen Hochebene aus wusste sie alles besser. Die Arroganz der Macht hat die führenden Genossen gewaltig geblendet und deshalb führte die Erhaltung dieser Macht zwangsläufig zum Missbrauch dieser Macht. E. H. selbst soll die Entscheidung getroffen haben, sein Realitätssinn war schon eine ganze Weile verloren gegangen, er forderte den „Sozialismus in den Farben der DDR".

Die Partei hatte immer Recht, sie bestimmte allein, was für das Volk gut ist, oder die Herrschenden ahnten wahrscheinlich doch, dass auch nur ein Hauch von Glasnost sie langsam aber sicher hinwegfegen würde.

Manche Auseinandersetzung in dieser Baracke wurde natürlich lustspielgemäß ausgetragen. Es gab Tage, da konnte mich mein Chefdramaturg nicht 'leiden', und an einem solchen Tag wollte er mir, womöglich in löblicher Absicht, Sachen erzählen und durchsetzen, deren Undurchsetzbarkeit ihm schon von 'höherer Stelle' (nicht gemeint ist natürlich jenes höhere Wesen) beigebracht wurde. Ich konnte ihm deshalb logischerweise nicht zustimmen, aber er verkündete sofort laut und deutlich: „Herr Ender, sprech' ich chinesisch!?" An guten Tagen, (wenn wir zusammen mit Kollegen Tudyka in der Kantine saßen), kam, Gott sei Dank, sein böhmischer Ursprung durch: „Jessesmarjandjosef, ihr Kasper, ihr."

Er und Bereichsleiter Horst Rentz ermöglichten mir, mehrere Berufe im DDR-Fernsehen auszuüben, ich bin ihnen dankbar. „ ...aber gerecht sei immer", heißt es wohl. Ich möchte mit einem „Vergelt's Gott" anknüpfen.

Brecht an falscher Stelle

Anlässlich der obligatorischen Feier zum Internationalen Frauentag am 8. März 1973 in unserer Unterhaltungszentrale am Grünauer Regattagelände war der festangestellte Regisseur und gelernte Schauspieler Eberhard Schäfer beauftragt worden, eine künstlerischen Beitrag zu leisten. Ich saß während dieser Feierstunde zwischen meinem Kollegen Klaus Tudyka und einem Tänzer des Fernsehballetts, der eigentlich in logischer Erwartung eines gänzlich andersgearteten Beitrages, vielleicht eine Hommage an die holde Weiblichkeit, auf Eberhard Schäfers (von alleine hätte er niemals diesen Beitrag ausgewählt) Ankündigung: Bertolt Brecht: „Lob der Partei“ direkt und spontan und deutlich vernehmbar antwortete: „Ach, du lieber Gott.“.

Aus eigenem Antrieb fand Eberhard Schäfer die richtigen Worte zum richtigen Zeitpunkt. Ein Jahr vor der Wende, zu meinem 50. Geburtstag, schenkte er mir „Die vier edlen Wahrheiten” (Texte des ursprünglichen Buddhismus) und schrieb auf die erste Seite: „Wo aber Gefahr ist, wächst das Rettende auch.” (Hölderlin)

Schauspieler

Was wäre die Film- und Fernsehwelt ohne die vielen wunderbaren, oft skurrilen Schauspieler in kleinen und mittleren Rollen, deren Namen meistens nur Liebhabern etwas sagen, zum Beispiel Axel Triebel, der schon in Wolfgang Staudtes „Untertan" einen preußischen Offizier gab, rannte als Unikum durch manchen unserer Schwänke, natürlich auch in „Dolles Familienalbum". Ich erinnere mich genau an einen Außendrehtag in Mahlsdorf unter Einbeziehung der Straßenbahn. Die Berliner Verkehrsbetriebe konnten uns logischerweise nur einen äußerst begrenzten Zeitraum außerhalb des Berufsverkehrs die Straßenbahn „überlassen". Aber Axel Triebel erschien nicht am Drehort. Seine Frau teilte auf telefonischer Anfrage unserer Aufnahmeleitung mit, dass Axel mit schwerem Kopf am Tisch sitzt und vor ihm Unmengen Kaffee, der aber bisher noch keine Wirkung gezeigt hat. Die Losung hieß dann für uns: Alle abkömmlichen Mitarbeiter sofort in den Produktionsbus springen, Axel unter allen Umständen in das Fahrzeug und anschließend in die Tram manövrieren.

Und es gab natürlich die Gentleman-Schauspieler wie Gerry Wolff. In den Anfangsjahren holten viele Mimen ihr Honorar an der Kasse in Adlershof oder in Johannisthal ab... und so erreichte mich folgende telefonische Anfrage Wolffs nach seiner Mitwirkung in einem mittelmäßigen Schwank: „Da meine Gage noch nicht an der Kasse ist, nehme ich an, dass es für dieses Stück kein Geld gibt?" Es gab Geld... und es gab die sehr bekannte Fernsehschauspielerin H. G., die Kunst Kunst sein ließ, unser Schwankangebot annahm, ins Zimmer des Chefdramaturgen ging und einen ehrlichen Monolog sprach, den ich mir gut merken konnte: „Ich spiele den Quatsch, mein neuer 'Wartburg' ist gerade gekommen."

Die Bretter, die die Welt bedeuten und auf denen wir unsere Lustspiele aufzeichneten, lagen über die ganze DDR verstreut, von der Ostsee bis zum Thüringer Wald, und so war es nicht verwunderlich, dass wir im Unterwellenborner Kulturhaus der Maxhütte den Schwank „Heiraten weiblich" aufzeichneten und eine „geschichtsträchtige" Besetzung bis in die Saalfelder Gegend transportierten, Eva-Maria Hagen und ihre Tochter Nina, die eine passable Göre spielte.

Bis zur Wende habe ich die „Farbfilm"-Sängerin eigentlich nur noch zweimal im Westfernsehen richtig wahrgenommen, beim immer wieder gesendeten Demo-Spezialauftritt in Wien und bei der Präsentation ihres sich an einer Bierflasche festhaltenden Ehemannes.

Dieselbe Anzahl Kilometer zwischen Unterwellenborn und Berlin legte ich zusammen mit Dieter Mann zurück, da er die Kameraproben zu unserem Lustspiel „Ja, so ein Mann bin ich“ für eine Vorstellung am Deutschen Theater unterbrechen musste. Der Schauspieler ließ sich normalerweise nicht die Butter von Brot nehmen, musste sich allerdings von einem Volkspolizisten, der mir in Höhe Grünau zehn Mark wegen zu schnellen Fahrens abnahm, den Satz gefallen lassen: „Sie halten sich da raus.". Dieter Mann stieg nämlich aus, da er mir beistehen wollte und setzte gerade zu einer Verteidigungsrede an...

Über Rosen lässt sich dichten, in die Äpfel muss man beißen

1974 begann meine Autorentätigkeit mit dem Lustspiel „Das Wunschkind". Mein Kollege Eberhard Schäfer machte mir Mut, die erste Fassung vorzulegen. Frau K. sollte es dramaturgisch betreuen und „zeigte" es einem Komiteemitglied, der für das DDR-Jugendbild im Fernsehen zuständig war. Es sei stellenweise ganz lustig, aber habe mit den historischen Dimensionen und Aufgaben, die vor unserer Jugend ständen, nichts zu tun. Kinder und Jugendliche hatten ja als Schirmherrin die Gattin des Generalsekretärs, und sie hatte als Ministerin kommunistische Ideale für die jungen Leute auf ihre Fahnen geschrieben.

Aber dieses „Wunschkind" war nur ein Kind der heiteren Muse und gefährdete nicht die sozialistische Erziehung der jungen Generation, obwohl es natürlich stimmt, was Goethe in seinem „Faust“ verkündet: "Über Rosen lässt sich dichten, in die Äpfel muss man beißen."

Wie reagieren Eltern, die plötzlich vor der Tatsache stehen, dass ihre kurz vor dem Abitur stehende 18-jährige Tochter Brigitte ein Kind von einem Mitschüler erwartet? Aufregung vom Elternhaus bis zur Schule, die auch noch die Arbeitsstätte von Oberstudienrat Lindner ist, Brigittes Vater. Die werdende Mutter beschwört eine Reihe von Konflikten herauf, die sowohl ihren Freund als auch ihre Lehrer, Mitschüler und vor allen Dingen ihre Eltern in merkwürdige Situationen bringen. Vater Willi Lindner kann es noch gar nicht fassen, dass er schon Großvater werden soll, doch der biologische Fakt ist bekanntlich noch nie dadurch aus der Welt geschafft worden, dass man ihn nicht begreifen kann oder will. Eherne Prinzipien können schon ins Wanken geraten, wenn sie plötzlich in der eigenen Familie oder im Verhältnis Lehrer-Schüler ausprobiert werden müssen.

Es wäre natürlich kein Lustspiel-Baby, wenn nicht der Klapperstorch, der sich nicht so einfach ins Fabelreich verbannen lässt, doch noch eine gute Idee gehabt hätte, die dem Wunschkind ein gutes Gedeihen ermöglicht... und das ist ja immer unsere Hoffnung bei jedem neuen Erdenbürger. All diese Dinge waren dem zweifachen Vater und erfahrenen Dramaturgen Klaus Tudyka mehr als geläufig, und er sagte einfach: "Das Stück machen wir!" Und dafür bin ich ihm heute noch dankbar. Er hat mir den Autorenstart ermöglicht.

Und auch Chefdramaturg Just Wagner war überzeugt. Er wusste natürlich, dass Unterhaltung Unterhaltung und Politik Politik ist und dass man mit Unterhaltung Politik machen kann und muss. Diese etwas vereinfachende unwissenschaftliche Feststellung ließ im Grunde genommen den Unterhaltungsbereich des DDR-Fernsehens so erfolgreich werden, daran ändern auch alle als Kampfauftrag ausgewiesenen Formulierungen nichts. Nach der Wende konnten die dritten Fernsehprogramme des Ostens auf dem Unterhaltungssektor dort weitermachen, wo der DFF 1991 aufgehört hat. Man ließ die sozialistischen Schlenker weg und fertig war die alte Unterhaltungskonzeption: Singt eine(r), tanzt eine(r), spricht eine(r), neuerdings kocht auch eine(r) und das in wechselnder Reihenfolge. Und mit zwei Millionen Mark Produktionskosten lassen sich, im Prinzip, Glanz, Flitter und Tandaradei leichter herstellen als mit einem besseren Taschengeld. Dieser Tage las ich in einer Zeitung den ambivalenten Satz, dass es bei den Fernsehzuschauern auf der Rumtata-Ebene der niedrigen Unterhaltung und friedfertigen Volksbelustigung in West und Ost eine Art Einheit gibt.

Für mein erstes Musen-„Wunschkind" wollte ich natürlich eine besondere Spielstätte gewinnen, warum nicht gleich ein königliches Theater. Und so fuhr ich mit meinem Lada, zusammen mit dem zuständigen ökonomischen Leiter, vom Verwaltungsgebäude durch den Park von Sanssouci Richtung Neues Palais. Ziel war das Schlosstheater, das die Baumeister von Gontard und Hoppenhaupt d.J. für Friedrich II. 1766 fertig stellten. Eine wunderbare Atmosphäre in einem reizenden Theater, als Produktionsleiter und Autor hatte ich dann sofort zugegriffen und dieses Kleinod gemietet, so dass mein „Wunschkind" am 9. Februar 1974 das Licht der Welt erblicken konnte.

Eine Handvoll Lustspiele zeichneten wir in der Folgezeit im Theater im Neuen Palais Potsdam noch auf. Die relativ hohen Einnahmen für die Miete haben wahrscheinlich die Verantwortlichen bewogen, ein Auge zuzudrücken. Amoretten und das Samtambiente waren das eine, die bescheidene DDR -Fernsehtechnik das andere. Unsere 10 kW-Scheinwerfer, die das Blattgold schmelzen ließen, wurden uns zum Verhängnis. Ich weiß nicht mehr genau, ob es ein Vorwand war oder ein willkommener Anlass für die Kulturverantwortlichen, uns Fernsehfritzen, die wahrlich ein anderes Programm hatten als der legendäre König und seine Nachfolger als „Gesindel und Beutelschneider" vom Hofe zu jagen. Ein Theatermitarbeiter glänzte mit einem der Sprüche, mit denen das Fernsehen damals kokettierte und auch heute noch kokettiert: "Gott schütze uns vor Sturm und Wind und Leuten, die vom Fernsehen sind."

Um dem Lustspiel zu geben was des Lustspiels ist, musste natürlich die Logik an manchen Stellen „zurechtgebogen" werden. Regisseur Werner 'Doubleyou' Wallroth fragte mich bei einer Besprechung in der Kantine in Jofa nach einigen nicht ganz schlüssigen Handlungsfäden. Meine Antwort, die ich der Anekdotenwelt entlehnte, gefiel dem DEFA-Mann: „Wie kann ich ihnen helfen, ich bin nur der Autor."

Jedenfalls hatten wir mit unserem Fernsehwunschkind 1974 einen großen Erfolg bei den Zuschauern und auch bei der Presse... und bekamen den Silbernen Lorbeer als bescheidene Auszeichnung des DDR-Fernsehens. Herbert Köfer, Irma Münch, Werner Senftleben und Marianne Kiefer spielten wunderbar... und Walter Richter-Reinick mit seinem markanten Gesicht. Er muss immer genannt werden wenn von Volksschauspielern die Rede ist. Der Darsteller „rettete" so manchen "schwachen" Schwank und er war originell: Ob ein Hänger, egal von welchem Schauspieler verursacht, ob eine nicht zu öffnende Tür in der Dekoration, ob eine technische Panne oder irgendein unvorhersehbares Ereignis den Gang der Dinge auf der Bühne behinderten, er überspielte die Situation immer mit der originellen Frage, die in keinem Lustspiel störte: „Wie geht's denn hier jetzt weiter ?"

Kritikerin Irma Zimm schrieb: „... kam ein quicklebendiges, pointen- und überraschungsreiches „Wunschkind" der heiteren Muse heraus." Dieser Meinung war auch Frau Säume, Dramaturgie-Sekretärin am Elbe-Elster-Theater Wittenberg. Sie empfahl es dem Chefdramaturgen, Herrn Welker. Die Schauspieler des Theaters mit Regisseur Dieter Freydank erarbeiteten eine erfolgreiche Inszenierung für die Premiere im Februar 1977.

Schon die relativ geringen Mengen Rotwein bei der Premierenfeier machten mir den Kopf und alles andere schwer, Intendant Bläss ließ mich völlig unkompliziert auf der Liege im Arztzimmer nächtigen. Er wusste, Autoren sind immer irgendwie Patienten. Und da er Humor hatte und ich nur Zeit für vier Stunden Schlaf, rief er mir einen der gängigen Sprüche zu, mit denen wir ständig den Westen kurz vor dem Abgrund auch im Gesundheitswesen überholten: „Schlaf' schneller, Genosse."

„Alle Haare wieder"

Und es gab zum Jahresende 1974 noch einen Schwank, an dem ich als Co-Autor beteiligt war. Meine Kollegen Klaus Tudyka, Goetz Jaeger und ich, schmiedeten den Sylvesterschwank „Alle Haare wieder". Wir hatten fast alle Chefkomiker der DDR mit ihrem speziellen Humorrepertoire zusammengeführt und versucht, diese Szenen in der einzigen Dekoration, dem Frisiersalon „Flotte Locke", irgendwie unter Schere und Kamm zu bringen.

Es war ganz ulkig wie sich Eberhard Cohrs, Herricht und Preil, Gerd E. Schäfer, Marianne Kiefer und Hans-Joachim Hanisch zurechtkalauerten. Doch unsere Juxkönige waren partout nicht bereit in Szenen untereinander aufzutreten, so dass die Zusammenhänge buchstäblich an den Haaren herbeigezogen werden mussten. „Die Handlung war das Haar in der Suppe" schrieb die Kritikerin Irma Zimm, keine Frage. Trotzdem 66% Zuschauerbeteiligung. Eberhard Cohrs übrigens nannte den Kaffee, der ihm im Stück serviert wurde, „Pankow brutal“, allerdings nur in der Probe. Der Geschmack des Kaffees war den Zensoren egal, es ging natürlich um den im Norden Berlins gelegenen Stadtteil Pankow, der jahrzehntelang ein Synonym für das SED-Regime war.

„Genehmigt“ wurde ohne weiteres Cohrs' Erklärung eines Musikliebhabers: „E Musikliebhaber- na ja - wenn einer die Brigitte Bardot im Badezimmer singen hört, dann guckt der nich - dann hält er das Ohr ans Schlüsselloch!“

Um den Klassenfeind keinerlei Angriffsflächen zu bieten, war es natürlich absolut verboten, Einschaltquoten des DDR-Fernsehens (ermittelt wurde die Zuschauerbeteiligung und eine Note zwischen 1 und 5) öffentlich bekannt zu geben. Und selbst uns Mitarbeitern durften zeitweise die ermittelten Zuschauerergebnisse der eigenen Sendung nicht mitgeteilt werden, weil es zu viele „undichte Stellen." gab. Aber so weit ließ es dann unser Chefdramaturg doch nicht kommen, er hat seinen Mitarbeitern die „Zahlen” immer übermittelt. Die von mir genannte extrem hohe Zuschauerbeteiligung von 66% für unserer Sylvesterschwank „Alle Haare wieder” ist also tatsächlich ermittelt worden.

Politische Stolpersteine aus dem Weg geräumt

Ich habe 1974 natürlich nicht nur Lustspiele geschrieben und produziert, sondern auch im bescheidenen Maße aktiv in die Weltpolitik eingegriffen. Da ganze Heerscharen von Hilfskräften den Großen und Mächtigen die Bahn frei halten müssen, hat man auch als Statist ab und zu die Chance, ein paar Steine respektive Steinchen aus dem Weg zu räumen. Zum 25. Jahrestag der DDR sorgte ich als abkommandiertes Randfigürchen in der Gedenkstätte der Sozialisten in Berlin-Friedrichsfelde mit dafür, dass Leonid Breschnew auf den Kieswegen nicht stolperte.

Nachdem „Sicherheitskräfte" Probe gelaufen waren, musste ein Kabel des Fernsehübertragungswagens im Grobkies verschwinden, und es verschwand. Die Weltpolitik konnte reibungslos über die Bühne gehen, ich hatte den Weg mit geebnet. Der Staatsgast aus der Sowjetunion war fröhlichen Mutes, denn schon einen Tag vorher an der Einfahrt zum Schloss Niederschönhausen entfesselte ich spontan unvorstellbaren Jubel beim Herannahen der schwarzen Limousine des Genossen Breschnew. Aber auch für diese Vorstellung brauchte ich keine Probe mehr, mit großem Erfolg habe ich zu DDR-Zeiten allen zugejubelt, von Ghadhafi über Arafat bis Fidel Castro.

Aber das Essen im Bitterfelder Kulturhaus war gut

Weil das DDR-Fernsehen im Kulturhaus in Bitterfeld jahrzehntelang viele Lustspiele und Unterhaltungssendungen produzierte, wurde ein alter Spruch, der sich eigentlich auf Bitterfeld als Eisenbahnknotenpunkt bezog, von den Fernsehmitarbeitern reaktiviert: „Seh'n wir uns nicht in dieser Welt, treffen wir uns in Bitterfeld.“

Um dem süßlich giftigen Geruch der über der Gegend lag zu entgehen oder zumindest nicht ganz zu erliegen, galt speziell innerhalb des Gebäudes die Aufforderung: "Macht bloß das Fenster nicht auf!"

Auf die gute Zusammenarbeit mit den Verantwortlichen des größten Kulturhauses der DDR und auch auf viele gelungene Sendungen hatte diese ökologische Besonderheit keinen Einfluss. Die Abende und Nächte in den Leipziger Hotels bildeten dann immer den erträglichen Abschluss der Arbeitsstunden vor und hinter den Kameras im Kulturhaus. Der Preis mancher Flasche Bier, die wir nach Mitternacht dem Hotelnachtdienst buchstäblich aus dem Kreuze leierten, war nicht von dieser Welt, schon gar nicht von der sozialistischen. Aber es wurde dann auch wieder ein bisschen weltmännisch, wenn man nach dem dritten Bier Edith Piafs kluge Worte in die ausgelassene Runde werfen konnte: „Moral ist, wenn man so lebt, dass es keinen Spaß macht."

Fernseh - Unterhaltungschef überlistet den „Moskwitsch“

In dieser ökologischen Tabugegend um Bitterfeld, Schkopau und Wolfen produzierten wir Anfang der 70er Jahre einen jener Schwänke, die man zwar sendet, aber anschließend sofort vergisst. An die Schauspielerin Carmen-Maja Antoni kann ich mich noch erinnern, da ich sie von der Filmhochschule her noch kannte und an die Regisseurin Ursula Reinhold, die sich hier noch mit Schmonzetten abgab, später dann die Lebensgeschichte Ernst Thälmanns im Film zurechtrückte.

Dieser "lusticke" Fernsehschwank ist mir auch noch in Erinnerung, weil der Kraftfahrer und sein Auto, mit dem ich zur so genannten Abnahme nach Bitterfeld fuhr, die etwas derbe, aber gar nicht so unkluge Volksweisheit zum Leben erweckten, die da lautet: „Man kann ruhig dumm sein, man muss sich nur zu helfen wissen.” Da der Kraftfahrer mein damaliger Hauptabteilungsleiter Günter Herlt war und einen hohen Intelligenzkoeffizienten hatte, muss die Volksweisheit abgewandelt werden: Man kann ruhig Moskwitschfahrer sein, man muss nur die entsprechenden Vorsichtsmaßnahmen treffen. Als ich in Berlin bei der Abreise meine Reisetasche in den Kofferraum dieser sowjetischen Benzinkutsche legte, sah ich einen schweren Birkenholzklotz, den der listige Fahrer als Stabilisator bezeichnete. Herlt wird sich gedacht haben: Wir erleben alle Enttäuschungen, die Frage ist immer, was wir daraus machen, denn der Kauf eines „Moskwitsch” war immer eine Verzweiflungstat.

Es war die Zeit, in der ein mutiger Kfz-Journalist der Meinung war, es sei vielleicht doch keine politische Provokation zu fordern, dass die sowjetischen Automobilbauer das Gasgestänge ihres Fahrzeuges verändern und nicht der Mensch die Stellung seines Fußes.

Wolf Biermann, Cousin Paul und Günter Mittag

Wolf Biermann wurde 1976 ausgebürgert. Hätten die verantwortlichen Funktionäre Biermann singen und reden lassen und „elegant" darüber hinweggesehen, die Volksrevolution hätte sich in engen Grenzen gehalten. Die Reaktion der Mächtigen war der erste Spatenstich beim Schaufeln ihres eigenen Grabes, wobei Biermann sicher nur der Anlass war.

Nach der Wende wurde von vielen Politikwissenschaftlern die berechtigte Frage aufgeworfen: "Hatten die kommunistischen Machthaber durch ihre Dummheit sich selbst das Wasser abgegraben oder musste die DDR gesetzmäßig untergehen?" Alles ordneten diese Genossen dem Machterhalt unter, der Sozialismus mit menschlichem Antlitz hätte aber eine andere Politik verlangt.

Im Gegensatz zu Biermann gehörte mein Cousin Paul aus Lauscha im Thüringer Wald zu den einfachen Männern aus dem Volk. Beim Kaufen von Puddingpulver in der Konsumverkaufsstelle der Gemeinde Schildow, einen Meter hinter Berlin gelegen, hatte er als Antwort auf die Versorgungsschwierigkeiten die philosophische Feststellung getroffen: „Die Spitzbuam machn nümmer lang." Ich gebe mein parteiloses Ehrenwort, ich wiederhole, ich gebe mein parteiloses Ehrenwort, dass dieser Satz gesprochen wurde.

Natürlich gab es auch Politiker, die mit einer gewissen Schläue ihrem Treiben ein brauchbares Mäntelchen umhängten. Bei unseren Fahrradtouren rund um Schildow, das wahrlich nicht mit „schönen“ Straßen gepflastert war, entdeckten wir eines Tages eine asphaltierte Straße, die zu zwei villenartigen Gebäuden führte. Zum Besänftigen von Neugierigen wurde das Gerücht gestreut, die Kirche „baut“.

Der Bauherr hieß aber Günter Mittag, sollte er etwa schon damals geahnt haben, dass nur der Herrgott ihm noch helfen kann und dass er die ebenso einfache wie treffsichere Frage zu spät gestellt hatte: „Genossen, was haben wir da wieder falsch gemacht?“

„Frauen sind Männersache“

Im Kleist-Theater in Frankfurt an der Oder zeichneten wir 1976 mein Lustspiel „Frauen sind Männersache" auf. Eine gute Besetzung ist bekanntlich die halbe Miete, aber unsere Spitzenkräfte waren keineswegs von vornherein bereit, jeden Hokuspokus zu spielen. Wir wollten Rolf Herricht „unbedingt haben", schickten ihm die Vorlage nicht vorher zu, sondern besuchten (Dramaturg Klaus Tudyka und ich) den beliebten Schauspieler in seiner Hochhauswohnung am Alexanderplatz, um eindringlich für unsere Literatur zu werben oder ihn einfach zu „überreden", die Rolle des Junggesellen Reuter in bewährter Weise mit Leben zu erfüllen.

Der Schauspieler, der seit vielen Jahren praktisch unserer Verbündeter im heiteren dramatischen Genre war, fragte: „Kann man das spielen?“. In unnachahmlicher Weise antwortete ihm Dramaturg Klaus Tudyka mit Finessen, die auch mich in freudige Stimmung versetzten.

Herricht nahm das Manuskript in die Hand und fragte zunächst nach den Mitstreitern. Seine Miene wurde noch freundlicher als wir wahrheitsgemäß antworteten: Herbert Köfer, Gerd E. Schäfer, Werner Senftleben.... Dann sagte er: „Darf ich einmal reingucken bevor ich Ja sage? Mal sehen, was vorne steht...“ Er blätterte in den ersten Seiten und las: „Reuter: Verheiratet bin ich nicht, ich hatte auch sonst Glück im Leben ...", mit Blick zu seiner Frau... „Ja, das kann man gelten lassen... und was sage ich am Schluss... Reuter: Ich glaube, das Leben ist doch schöner als Fernsehen.“

Rolf Herricht sagte eine wohlwollende Prüfung des Manuskriptes zu und gab dann den Junggesellen Reuter.

Irma Münch (gebürtig im Sonneberger Land) spielte die weibliche Hauptrolle.

Ich bekam Lob von höchster Stelle. Ihr Schauspielerehemann Hans Peter Minetti sagte mir in der Theaterkantine in Frankfurt: „Gute Dialoge.“ Wenn ein Mitglied des Zentralkomitees eine solche Einschätzung gibt, mehr kann man wirklich nicht verlangen. Ich muss etwas relativieren, Minetti war damals noch Kandidat.

Den treffendsten Satz (ausgeliehen von Leo Tolstoi) in Bezug auf den Titel: „Frauen sind Männersache" sprach der gestresste Held alias Herbert Köfer: „Wenn ich mit einem Fuß im Grabe stehe, werde ich die

Wahrheit über die Frauen sagen: ich werde sie sagen, in meinen Sarg springen, den Deckel über mich ziehen und rufen: Jetzt macht, was ihr wollt !“

Banner der Arbeit I. Klasse für Heiteres 1. Klasse

1978 durfte ich auch das Staatsratgebäude betreten. Zuerst gab es im Palast der Republik eine Stärkung in Form von Frankfurter (am Main) Würstchen und dann wurden wir praktisch über die Straße mit dem Omnibus 100 Meter weiter bis vor das Eingangsportal des Staatsrates gefahren. Was auf dem ersten Blick wie eine Gentleman-Geste aussah, war natürlich ein Vorsichtsmaßnahme der Sicherheitskräfte.

Wir wurden als Kollektiv Heitere Dramatik mit dem Banner der Arbeit I. Klasse geehrt. Eine verdiente Auszeichnung, wie ich meine, nicht für politisches Reden oder revolutionäre Großtaten, auch nicht für das Tragen der roten Fahne mit einer Hand bei Jubelveranstaltungen, sondern für heitere, lustige, nachdenkenswerte Sendungen, die tatsächlich hohe Zuschauerzahlen hatten.

Friedrich Ebert nahm die Auszeichnung vor, er war der ranghöchste DDR-Politiker, der mir die Hand gab. Als die Truppe vorne Aufstellung genommen hatte, sah man, wie die souverän agierenden Organisationsdamen Ebert etwas ins Ohr flüsterten, wahrscheinlich auf seine Frage: „Was sind denn das für komische Figuren?" Er drehte sich um und begrüßte uns dann wie alte Bekannte, die man jeden Tag trifft: „Ach, die Heitere..."

Es gefiel mir wunderbar im Staatsratgebäude. Schmackhafte Häppchen, gediegene Ruhe, einem freundlich zunickende Menschen, keine erregten Debatten, keiner geriet vor gemeinsamer Begeisterung aus dem Häuschen, keine stürmischen Ovationen, keine Verurteilung des Klassenfeindes, wunderbarer „richtiger“ Wodka... ach ja, und natürlich ein dezent hinterlegtes Couvert mit ganz neuen Scheinen.

Ich wäre gerne noch ein paar Tage geblieben, musste aber am selben Tag noch nach Jena fahren, wo wir im Stadttheater, neben dem ehemaligen Sommerhaus Schillers, vier lustige Einakter produzierten, wovon „Notizen zur Hochzeitsnacht" aus meinem Bleistift stammten. Das jung vermählte Paar bekommt es mit der Tücke des Objektes zu tun, das elektronisch ausgerüstete Wandklappbett klemmt. Der herbeitelefonierte Havariemonteur brilliert mit großer Rechnung und mit der geistreichen Bemerkung: „Ja, das ist kaputt." Da Gerd E. Schäfer als Vater des Bräutigams viel trank und die ganze Nacht Samba tanzen wollte, wurde die ganze Geschichte auch wirklich komisch.

Ich wohnte bei dieser Fernsehproduktion mit Frau und Kind bei Privatleuten und hatte es auch in dieser Wohnung mit „dezent hinterlegten" Geldscheinen zu tun, wie noch vor einigen Stunden im Staatsratsgebäude. Beim Öffnen meines Koffers reichte der „erzeugte Windstoß" aus, um einige 50 Mark-Scheine hinter einem Wandplakat hervorschweben zu lassen. Das Geld wurde auf Heller und Pfennig, also Schein für Schein, auf seinen alten Platz zurückbefördert, die (wahrscheinlichen) Besitzer informiert. In Geldangelegenheiten durfte sich ein Fernsehmitarbeiter keinen Schnitzer erlauben, ein Produktionsleiter nicht mal ein Schnitzerchen.

Aber schön war es doch

Natürlich war das gesamte Brimborium der Film- und Fernsehbranche für mich als Junge aus'm Wald eine verrückte Welt: Atelier, Drehort, interessante und überkandidelte Branchenmitarbeiter, Knattermimen und exzellente Schauspieler, Palast der Republik, Autor und so weiter und so fort...

Diese kleine sozialistische Glitzerwelt war hochinteressant, jedoch man bleibt im Prinzip der Mensch, der man war und ist. Die Familienwelt zu Hause und bei der Mutter war durch nichts zu ersetzen, weder durch das Betreten des Staatsratsgebäudes, noch durch den stahlblauen Anzug, den Rex Gildo bei seinem DDR-Fernseh-Kessel-Auftritt im alten Friedrichstadtpalast trug und bei dessen Anblick ein bewunderndes „West-Aaahhh" durch die Reihen der sozialistischen Zuschauer ging.

Eine anheimelnde Freude überfiel mich immer, wenn ich im Trabant, im Wartburg oder im Lada der thüringischen Heimat näher kam. Vier Stunden Autobahnfahrt ab Berlin, dann Abfahrt Triptis Richtung Saalfeld, und es begann der Ritt über den Thüringer Wald. Es gab Nächte vor vielen Jahren, da begegnete mir eine Handvoll Fahrzeuge.

Und es gab die merkwürdigen Lagerfeuer mitten im verschneiten dunklem Tann hinter der Ortschaft Hoheneiche. Es war kurz vor Mitternacht als ich eine Pause an besagter Stelle machte und den Feuerschein im Wald wahrnahm.

So mutig wie damals wäre ich heute nicht mehr. Ich ging auf eines der Lagerfeuer zu und wollte gerade den Mund aufmachen, als ein Uniformierter der Roten Armee aus dem Schatten trat und mir in russischer Sprache (ich verstand nur wenige Brocken, die aber nicht nach einer Einladung zu einem doppelten Wodka klangen) wahrscheinlich bestimmt und unmissverständlich mitteilte, jetzt ja keinen falschen Fehler zu machen. Ich habe sofort die Hand gehoben, lächelnd das Nichtverstandene bejaht, und schnell retour zum Auto. Sie hatten meinen Lada gesehen, mich wahrscheinlich als Freund sowjetischer Automobiltechnik ausgemacht und somit auf einen Warnschuss verzichtet.

Das Wandern oder Skifahren im Thüringer Wald war ein echtes Kontrastprogramm gegenüber einer gewissen Hektik, die das Fernsehgeschäft zwangsläufig mit sich brachte. Ich erinnere mich an Tagestouren mit den Skiern Richtung Steinheid, wo ich nicht einem einzigen Menschen begegnet bin. Ein unglaublicher Zauber ging von der Ruhe im Winterwald aus, man hört die Stille, die Bäume sind immer freundlich, ob eiskalt im Winter und fast von der Schneelast erdrückt oder im heißen Sommer.

Und es gab natürlich noch ein anderes Fortbewegungsmittel, um von Berlin nach Sonneberg zu kommen. Es war keine Bahnfahrt, es war mehr eine Bahnreise, denn unter zwölf Stunden war nichts zu machen. Ich kannte jeden Bahnhof und auch jede Haltestelle auf der 383 Kilometer langen Fahrt zwischen Berlin und Sonneberg auswendig.

Nachtfahrten durch den verschneiten Thüringer Wald, bei denen die Lokomotive noch Funken sprühte sind allerdings unvergessen, es war im eigentlichen Sinne des Wortes romantisch.

Und es gab eine Bahnfahrt, die ebenfalls unauslöschlich bleibt. An meinem 53. Geburtstag 1991 wurde die Eisenbahnstrecke zwischen Sonneberg und Coburg wiedereröffnet. Der Zug fuhr nicht, er wurde förmlich von den Thüringern und Bayern über das Schotterbett getragen.

Und auch eine Sonderfahrt im Mai des Jahres 2000 möchte ich nicht missen, es sind die 290 Kilometer zwischen Zermatt und St. Moritz quer durch die Schweizer Alpenwelt im legendären Glacier-Express...

Bekenntnisse eines echten Eisenbahnfans.

Wer nicht für uns ist, ist gegen uns

Als Mitarbeiter des DDR-Fernsehens musste man absolut politisch gehorchen oder zumindest so tun, wenn man nicht ruckartig persona non grada werden oder undercover im Gemüselager des Konsums agieren wollte. Heftiger Widerspruch wäre Widerstand gewesen. Eine Art stumme Sprachlosigkeit breitete sich aus. Nein, sprachlos waren wir natürlich offiziell nicht.

Wer kannte und liebte nicht diese wunderbaren Formulierungen, es war die Sprache des Kollektivs der Führung und der felsenfesten Kampfpartei, die kontinuierlich, dynamisch, in einmütiger Zustimmung, allen Anfeindungen zum Trotz, im unentwegten Voranschreiten, von der Gewissheit des endgültigen Sieges durchdrungen, unbeirrt, unerschütterlich, klar auf Kurs mit dem Kompass des wissenschaftlichen Sozialismus, im alleinigen Besitz der historischen Wahrheit, die das solide Fundament unserer Erfolge garantierte, so dass wir über keinen Knüppel stolperten, den uns der Klassenfeind zwischen die Beine warf.

Ja, eine solche Sprache gab es... Doch wer hat sie ernst genommen und wer hat sie verstanden? In den Stürmen der DDR-Zeit löste unaufhörlich ein Sieg den anderen ab, schlug die herrschende politische Führung ein historisches Kapitel nach dem anderen auf, war fähig, den Himmel zu erobern und wollte irgend etwas zur vollen Blüte bringen.

Im Endresultat bekommt jedoch ein berühmt-berüchtigter Satz erst heute seine richtige Bedeutung: "Wir weinen denen keine Träne nach."

„Herr Bienert, hier ist Produktionsleiter Ender...“ „Was gibt's denn, Junge...?“

Die Abgrenzungstheorie gegenüber dem imperialistischen Deutschland trieb ungeheure Blüten. Aus heutiger Sicht macht sich die Lächerlichkeit besonders bemerkbar.

1981 produzierten wir das Fernsehspiel „Familie Birnchen". Die West-Ost-Problematik „sorgte” dafür, dass der Sendetermin Monat für Monat hinausgeschoben wurde und dann 1982 „versteckt” untergebracht wurde.

Gerhard Bienert spielte die Hauptrolle, und der lebte nun mal in Berlin (West). Schauspielerdispositionen, womöglich kurzfristige, konnten nur telefonisch von der Aufnahmeleitung erledigt werden. Niemand, der sich auf diesem Gebiet auskennt, würde darüber ein Wort verlieren.

Doch die politische Wachsamkeit erforderte Purzelbäume. Vor jeder Umdisponierung eines Proben- oder Aufzeichnungstermins mit Bienert sollte ich den Bereichsleiter verständigen. Da wir uns gegenüber dem 1898 geborenen Schauspieler keine Panne erlauben konnten, mussten wir natürlich im Endeffekt aus Zeitgründen ohne Genehmigung ins besondere politische Territorium Berlin (West) telefonieren.

Politisch wäre es dem Bereichsleiter vielleicht recht gewesen, aber bei seinem Fulltimejob äußerst unkollegial, um nicht zu sagen schlicht unmöglich, ihn jeden Tag wegen einer neuerlichen Schauspieler-Terminplanung anzurufen.

Fernsehlieblinge

Ende der 60er Jahre fuhr die Abteilung Heitere Dramatik nach Dresden in die Staatsoperette, um sich Bild und Ton von Heinz Rennhack zu machen. Er sang und spielte einen LKW-Fahrer im Musical „Irene und ihre Kapitäne“. Irene war Sängerin, die sich unters Volk der LKW-Fahrer (sprich „Kapitäne") mischte und somit auf dem einzig richtigen Bitterfelder Kulturweg daherschritt.

Sie sollte im Rahmen der sozialistischen Kulturrevolution die Einheit von Künstler und Arbeiter ankurbeln. Die dramaturgische Konstellation („Greif zur Harfe, Kumpel" oder: Die Überwindung der Trennung von Kunst und Leben), die schon gesprochen zum Schreien Anlass gab, wurde auch noch gesungen, wobei die stimmlichen Qualitäten der Darsteller mit dieser Feststellung nichts zu tun haben.

Es war ein ungewollt komischer Abend bis zum Geht-nicht-mehr. Wir hatten unsere helle Freude im Theater, im Bus auf der Rückreise nach Berlin lachten wir Tränen. Meine ehemaligen Arbeitskollegen werden mir das heute noch einhellig bestätigen, man kann sich tatsächlich fast totlachen.

Heinz Rennhack wurde als festangestellter Mime des Fernsehens engagiert, eine etwas zähe Karriere als Schauspieler begann, viel besser lief es bei ihm als Entertainer.

Vor der Wende plötzlich hieß es in der offiziellen Argumentation, er sei nach dem Westen abgehauen, habe unsere gemeinsame Sache verraten und biete sich jetzt dem Klassenfeind an.

Die Argumentation wurde dann verfeinert, man versuchte Rennhack klein zu machen, er wurde dann nicht mehr als Verräter, sondern nur noch als Verräterli eingestuft.

Der 7.Oktober 1979 war der 30. Jahrestag der DDR und die Partei war mit den Massen aufs Engste verbunden

Den nahezu gespenstischen offiziellen Worthülsen stand der Volkswitz gegenüber: "Fleißig, Fleißig, die DDR wird dreißig, die Kleinen laufen sich 'nen Wolf, die Großen kaufen sich 'nen Golf, und unsere Besten verschwinden nach'm Westen."

Es war die Zeit der kuriosen Sätze auf vervielfältigten Handzetteln mit der Hauptüberschrift:

Grundthesen zur Lösung der Aufgaben:

Wo wir sind ist vorne, wenn wir hinten sind, ist hinten vorne.
Wissen ist Macht. Nichtwissen macht nichts.
An der Spitze stehen ist immer noch zu weit hinten.
Wo wir sind klapp nichts, aber wir können nicht überall sein.
Wir haben die Lösung, aber die passt nicht zum Problem.

Da wir den Klassenfeind nicht besiegen konnten (aus heutiger Sicht dialektisch gedacht), haben wir ihn zumindest mit diesen irrwitzigen Sprüchen verwirrt.

Jeder macht was er will, keiner macht was er soll, aber alle machen mit.
Keiner ist unnütz, er kann immer noch als schlechtes Beispiel dienen.
Was heute nicht richtig ist, kann morgen ganz falsch sein.

Auf scheinbar verfängliche politische Fragen hatte sich der kleine Mann von der Straße eine große Liste von Antworten parat gelegt, die auf jede Frage passten.

Man versuchte die Freiräume auszunutzen, die der Sozialismus in den DDR-Farben ermöglichte und balancierte somit sein Leben aus.

Der Ablauf dieser Lebensphilosophie wurde immer mehr bestätigt: Erst war die Hoffnung, dann die Illusion und schließlich der Selbstbetrug. Die ideologischen Erfordernisse unseres Lebens waren vorgegeben, die Mauer umhegte uns, und allmählich glaubte ich fest daran, meine irdischen Tage würden im Sozialismus zu Ende gehen. Gott sei Dank war ich mit dieser düsteren Prognose nicht allein, sonst könnte ich die Vorzüge des heutigen Deutschland gar nicht richtig genießen.

Aug' in Aug' mit dem 'Lachenden Vagabunden'

Ich war Ende der siebziger Jahre im Kreiskulturhaus Aue zwecks Motivbesichtigung für mögliche Spielflächen unserer öffentlichen Fernsehspiele und schaute mir gleichzeitig einen „Bunten Abend" mit einem bekannten Schlagersänger an, dessen Name ich leider vergessen habe. Er wollte oder sollte eine 'Salzsendung' mit dem Studio Halle vorbereiten, und ich schrieb so etwas Ähnliches wie ein Exposé. Wie so oft beim Fernsehen war mit dem Exposé Schluss, wobei die angedachte Sendung rund ums Salz hätte interessant werden können.

Am Abend ging es standesgemäß mit dem großen Westschlitten des Unterhaltungskünstlers ins Interhotel nach Karl-Marx-Stadt. Es gab ein bisschen Schwierigkeiten mit dem Zimmer, er war unkompliziert, ich schlief auf der Gästecouch seiner Lounges.

Im Restaurant nahm Fred Bertelmann an unserem Tisch Platz, das heißt, ich saß bescheiden dabei. Der Ostsänger und der Westsänger kabbelten sich ein bisschen um deutsch-deutsche Probleme oder auch Problemchen.

Und dann in der hoch über der Stadt gelegenen Bar sang Bertelmann nicht seinen „Lachenden Vagabunden", sondern er bestellte Whisky für alle und machte den Fehler, echten schottischen zu verlangen... und der Kellner sah seine Trinkgeldchancen steigen und sprach: Oh, der müsse aus dem Keller geholt werden... was auch geschah.....

Nachts um halb Zwei verließ der Kulturschaffende sein (unser) Hotelzimmer, da ich damals schon unruhig schlief, dachte ich mir, wenn er jetzt dorthin geht wo du vermutest, dann beneide ich ihn.

Um ein bisschen von der Popularität des Sängers zu profitieren, lief mein Exposé unter seinem Namen, sozusagen als Gentlemen's Agreement. Jedoch ohne den Wirt beziehungsweise die Wirtin sollte man keine Rechnung machen, auch wenn der Betrag kaum der Rede wert ist.

Mein Partner spielte nämlich entgegen der eindeutigen Abmachung toten Käfer und diese "Verleugnungsmasche" gefiel mir noch nie.

Auf eine an ihn direkt gerichtete unmissverständliche Erinnerungsnotiz meinerseits, bekam ich Wochen später von der damaligen Hausherrin, scheinbar ganz und gar Managerin, nur die Hälfte des bescheidenen

Honorars überwiesen mit dem abstrusen Hinweis, sie hätte mein Schreiben für einen Autogrammwunsch gehalten.

Ich nehme jedoch stark an, dass sie nur die in meinem Exposé aufgeführten Salzweisheiten verinnerlicht hatte: Jemandem die Suppe versalzen oder das Salz ins Trockene bringen.

Seifenoper. Geschenkt.

Für Päpste gibt es kein Pensionsalter

Am 18. Juli 1980 begannen die Streiks in der Danziger Lenin-Werft, Solidarnosc und der gelernte Elektriker und Barrikadenkämpfer Lech Walesa prägten für Jahre die Geschichte Polens.

Im August desselben Jahres fuhr ich mit Frau und Kind im angerosteten Lada nach Ustron an der Weichsel ins polnische Vertragserholungsheim des DDR-Fernsehens.

Unsere Ausflugsziele waren natürlich nicht nur auf Krakau beschränkt.

In Wadowice besichtigten wir hinter der Kirche die ehemaligen Wohngemächer eines gewissen Karol Wojtyla, dessen neue Wohnräume sich damals schon im vierten Stock neben dem Petersdom in Rom befanden, denn seit jenem 18. Oktober 1978, als weißer Rauch aus dem Schornstein der Sixtinischen Kapelle aufstieg, ist der Erzbischof von Krakau das Oberhaupt der römisch-katholischen Kirche Papst Johannes Paul II.

Eine Kette reißt immer an ihrem schwächsten Glied. Und Polen war in der Reihe der sozialistischen Länder dafür prädestiniert auszubrechen. Niemand ahnte, dass der polnische Papst mithelfen würde, den atheistischen Staat auszuhebeln, viele sahen eine gerade Linie bis zum Fall der Mauer.

Polen hatte damals erhebliche Versorgungsprobleme. Unser „Reiseleiter" empfahl, Zucker mitzunehmen. Wir haben weder Zucker ins Auto geladen, noch hat uns die Tatsache, dass es nur einmal in der Woche Fleisch gab, daran gehindert, einen interessanten Urlaub zu verbringen.

Die polnischen Freunde hatten schon damals den Siegeszug der „Sesamstraße" im Fernsehen vorhergesehen, deshalb konnten wir für Peter in einem Ustroner Laden die Topstars Ernie und Bert als Gummifiguren erstehen.

1995 hofften wir umsonst, den Heiligen Vater in seiner Sommerresidenz in Castel Gandolfo zu Gesicht zu bekommen.

In Rom war es, nach einem wunderbaren Spaziergang durch die vatikanischen Gärten, einem erfahrenen und äußerst geschickten Stadtführer zu verdanken, dass wir bei der Audienz des Papstes im Petersdom in einer der vordersten Reihen Platz bekamen. Beim Betrachten des Gotteshauses und in Erwartung des 264. Nachfolger Petri spürt man doch eine gewisse Erregung. Die einen glauben, dass der liebe Gott schon hienieden war, die anderen, dass er noch herunterkommt.

Ich glaube, dass er schon da war, aber unbedingt noch mehrmals herabsteigen muss. Wir sollten immer daran denken, dass der größte Weitblick am Horizont endet.

Die Arbeit des Nachfolgers des Apostels geht weit über Kardinalfragen hinaus, der Papst ist voll engagiert bei der Lösung der Probleme dieser Welt.

Auge in Auge standen wir dem Oberhaupt der Katholiken nicht gegenüber, ein paar Meter waren schon noch dazwischen, aber es war ein interessanter und erfreulicher Moment für uns.

Ich glaube nicht, dass Pater Brown im Vatikan angestellt worden wäre, aber zitieren darf man ihn sicherlich: „Gottes Wege sind unergründlich, aber sie führen immer zum Ziel."

„Glücklich aber verheiratet“

Am 13.12.1980 zeichneten wir in einem Adlershofer Studio vor Publikum mein Lustspiel: „Glücklich aber verheiratet" auf.

Wieder waren zwei unserer weiblichen Protagonisten mit von der Partie: Ingeborg Krabbe und Helga Göring. Die männliche Hauptrolle spielte wie so oft Herbert Köfer. Er hatte den Mut zum Spaß und blieb immer ein Verfechter des Heiteren.

Ein Kritiker schrieb: „Es war schöner, amüsanter Quatsch. Ich bin nicht böse, wenn sich wie in zehntausend Stücken auch, der Liebhaber im Schrank versteckt. Es muss nur gut gemacht sein. Dafür sorgten in unserem Fall eine erstaunlich frische Ingeborg Krabbe und ein scheinbar ewig junger Herbert Köfer.”

Die entscheidende ideelle Würdigung meiner Leistung als Autor dieses Lustspiels fand nach der Bühnenaufführung statt. In der Veröffentlichung: Bühnenrepertoire der DDR, Spielzeit 1984, „Wer spielte was?" stand ich als Ender, Roland mit meinem Lustspiel „Glücklich - aber verheiratet", Premiere: 25.5.1984, Elbe-Elster-Theater Wittenberg, auf Seite 81 zwischen Eisler, Hans und Euripides... Das waren noch Zeiten und sie rufen geradezu nach Mark Twain: „Das schönste Geheimnis ist ein Genie zu sein und es als einziger zu wissen.”

„Lachen Sie einfach mit“

1981 hatten wir in einem Adlershofer Studio die Zuschauer aufgefordert „einfach mitzulachen", und sie taten es auch.

Ich hatte eine Spaßsendung geschrieben, eine Art sketchup, nach heutigem Verständnis comedy genannt. Peter Hill hatte Ursula Staack, Willi Scholz und Wolfram Handel gut in Szene gesetzt. Obwohl das Schauspielertrio um den Titel: „Verdienter Schelm des Volkes" kämpfte, waren die unzähligen politischen Witze, die im Lande kursierten, völlig tabu.

Mit keinem Wort durfte der Volkspolizist erwähnt werden, der im Intershop über den Ladentisch springt und um politisches Asyl bittet.

Auch der älteste Ärztewitz musste in der Kalauerkiste bleiben, da er das Gesundheitswesen der DDR möglicherweise im falschen Licht hätte erscheinen lassen. Der Patient fragt den Arzt, ob die Operation schwierig sei und bekommt die Antwort: „Wenn Sie wieder aufwachen und ich habe einen Bart, dann fragen Sie: „Herr Doktor, woher haben Sie den Bart?” Und der mit dem Bart antwortet dann: „Was heißt hier Herr Doktor, ich bin der Liebe Gott...”

Aber auch ohne politische Witze war es ein Genre, das im DDR-Fernsehen kaum zu finden war. Kritiker Kaufmann schrieb in der „Leipziger Volkszeitung“: „Die Witze, Sketche, Anekdoten und Kalauer kamen locker, leicht und temporeich von der Minibühne. Das kleine spielfreudige Ensemble belegte, dass es nicht immer der großen Unterhaltungsabende bedarf, um gut unterhalten zu werden.“

Ein unbekannter Verfasser soll 1861 geschrieben haben: „Stunden, wo der Unsinn waltet, sind so selten, stört sie nie! Schöner Unsinn, glaubt mir Kinder, er gehört zur Poesie." Und so haben wir versucht, dieser Devise gerecht zu werden, aber nicht nur rein politische Witze waren ausgeschlossen, buchstäblich jedes Wort, das auch nur im Entferntesten als Kritik an den bestehenden gesellschaftlichen Zuständen ausgelegt werden konnte, wurde gestrichen, nachweisbar sogar der Liebe Gott und der Herrgott.

Das ist natürlich alles nur Theorie, in der Praxis wurde nämlich gar nichts gestrichen und auch keine Textstelle fiel dem Zensor zum Opfer, denn ich hatte überhaupt keine „falschen oder missverständlichen Scherze” ins Manuskript geschrieben.

Schönen Unsinn, Humor und Witz gab und gibt es selbstverständlich auch im „unpolitischen" Bereich des Lebens.

Ein Kneipierssohn wird nach dem ersten Schultag von seinem Vater gefragt: „Na, wie war's in der Schule?" Der Schulanfänger antwortet: „Nicht schlecht, bloß der Alte hinter der Theke hat gestört."

„Peter, der Storch hat dir ein Schwesterchen gebracht. Willst du es sehen?" „Das hat Zeit, zeig' mir erstmal den Storch."

Zu einem Eiskunstlauftrainer kommt ein junger Mann und sagt: „Ich kann ihnen eine Acht laufen, so eine Acht haben sie noch nie gesehen." Darauf der Trainer: „Entschuldigen sie, aber eine Acht kann jeder laufen, ja fast jeder Anfänger." „Ja", sagt der junge Mann, „aber nicht in römischen Zahlen."

Und da war da noch der junge Schauspieler, der auf die Frage, wie denn die Hochzeitsnacht war, antwortete: „Weiß ich nicht, ich hab' die Kritik noch nicht gelesen."

Und so haben sich die Schauspieler mit Kalauern, erfolgreichen neuen Witzen und geistreichen Formulierungen bis zum Ende durchgekämpft und dann den Schnick-Schnack-Orden II. Klasse erhalten. Die Zuschauer haben kräftig gelacht und es wurde nicht gegen sie verwendet.

Woran erkennt man einen guten Witz? Ist es ein Witz, den man auf Grund seiner guten Pointe getrost jahrzehntelang erzählen kann, auch wenn ihn buchstäblich jeder kennt?

Robert trifft seinen alten Freund Willi: „Wie geht's, altes Haus?" „Schlecht, seit mich meine Frau verlassen hat, kann ich nicht mehr schlafen." „Hast du sie so geliebt?" „Das nicht, aber sie hat doch mein Bett mitgenommen".

Oder sind es die Witze, die das Leben schrieb und auch vollendete, analog der Feststellung: "Die besten Witze sind wahr, und die besten Wahrheiten sind ein Witz."

Aus niederen Beweggründen heraus gehörte ich natürlich auch zu den Tausenden, die lange vor dem Zusammenbruch der DDR den Titanicwitz erzählten. Ich erinnere mich noch genau, es war nach einem schmackhaften Essen mit teurem Exportbier in einem Leipziger Interhotel während einer Fernsehproduktion... Der Witz gefiel mir, besonders die tragischen Musiker: Die Titanic soll gehoben werden. Die USA, die Sowjetunion und die DDR sind stark an diesem Unternehmen interessiert. Die USA möchten den Schatz haben, die Sowjetunion möchte wissen wie ein Schiff gebaut wird, und die DDR ist an der Kapelle interessiert, die bis zum Untergang spielte.

Je nach Angstsyndrom, Alkoholpegel und Zugehörigkeit zur wichtigsten Partei wurde in der Runde gelacht, gewiehert, gelächelt und fröhlich in sich hineingehorcht. Der sozusagen „leitende" Genosse hat gewissermaßen von höhere Warte aus süßsauer dreingeschaut, mir mit seinem großen politischen Weitblick verziehen und ein Stückchen Parteilehrjahr rangehängt. Der Witz sei Ausdruck der sattsam bekannten Wunschträume der reaktionären Kreise am Rhein, sozusagen Träume an großdeutschen Kaminen, die nie in Erfüllung gehen werden.

Der Genosse wusste scheinbar nicht, dass in jedem Witz Wahrheit steckt und er kannte George Taboris Weisheit nicht: „Jeder wirkliche Witz hat eine Tragödie zum Inhalt."

Immer in den Momenten, wenn Genossen in ihrer unglaublichen Anmaßung einem ihre Meinung aufzuzwingen versuchten, konnte die Losung nur lauten: Nicken und Ja sagen oder wie schon erwähnt, auf den Volksmund hören und die „Gauner unterlaufen". Die Partei wusste natürlich, dass der Westen und das Westfernsehen stets gegenwärtig waren und hat deshalb die bestehende Machtordnung als verbindliche Realität festgelegt. Der Zweck heiligte die Mittel und somit wurden Kritik und Wahrheit schonungslos unterdrückt.

Die DDR hatte ein absolutes Kommandosystem, das Machtmonopol der SED war allumfassend aufgebläht. Ob die Partei wirklich annahm, dass die vielen haarsträubenden Dinge, die sie erreichen wollte, geglaubt oder womöglich befolgt würden?

Selbst viele Genossen hatten ihr Verhalten der jeweiligen Situation angepasst wie ein Kalauer beweist: Für die Parteileitung wird ein zuverlässiger Genosse gesucht. Die entscheidende Frage an alle drei Bewerber lautet: Wie viel ist drei Mal drei? Der erste Genosse antwortet: „Darf ich mal Papier und Bleistift haben?" Der zweite Genosse zögert: „Ungefähr zehn." Die Antwort des dritten Bewerbers: „Was soll denn rauskommen, Genossen?"

Termini, die für Funktionäre, zumindest theoretisch, heiliges Programm waren, wurden oft wie Kabaretteinlagen empfunden: Klassenfeind, imperialistische Drahtzieher... und was die SED so alles als bedrohlich im Kampf gegen den Imperialismus entlarvt hatte und im Keime ersticken wollte. Das Zelebrieren vieler dieser Ausdrücke kam einem Ritual gleich. Der wissenschaftliche Sozialismus wurde auf seine Lehrsätze reduziert.

Vieles hat funktioniert, weil es den Menschen relativ oft gelang, denen „da oben" ein Schnippchen zu schlagen. Nicht veränderbare Zustände wurden mit Galgenhumor und Selbstironie erträglich gestaltet. Allmählich bekam man Routine im Umgang mit den „Mächtigen“, wobei immer die Angst mitspielte, aber das Gespür für den „Feind“ wurde im Laufe der Jahre geschärft. Mit der Zeit gelang es einem in allen „politischen Belangen“ mit diesen Leuten kein wahres Wort mehr zu sprechen. Oft wurde keine Miene zum bösen Spiel gemacht.

Der Staatssicherheitsdienst brauchte mich nicht zu überwachen, angesichts der Tatsache, dass die Stasi immer mit am Tisch saß, überwachte ich mich selbst. Die IM in jeder Abteilung waren gewissermaßen schon die zweite Absicherung, die Partei hatte durch ihre Kaderpolitik schon im Voraus mögliche menschliche „Schwachstellen“ ausgeschaltet.

Als gutmütiger Mensch, der auch heute noch kein abgebranntes Streichholz und keinen Papierschnipsel auf der Straße wegwirft, habe ich allerdings die Größe der Stasikrakenarme unterschätzt. Erst als ich 1997 bei Pastor Gauck las, was die Firma Horch und Guck so alles recherchiert hatte, ging mir das letzte Licht auf.

Die Stasi war, gelinde ausgedrückt, eine schlimme Entgleisung der sozialistischen Idee und sie erinnert mich ein bisschen an den Neuerer der sozialistischen Landwirtschaft, dem es gelang die Futterrationen für seine Kuh immer kleiner zu halten, bis sie tot umgefallen ist. Ähnlich ging es der Stasi, als sie alle und alles ausspioniert hatte, ist sie zusammen gebrochen.

Die ideologische Überfrachtung aller gesellschaftlichen Vorgänge konnten wir bei unseren Fernsehlustspielen weitestgehend zurückdrängen, das Wort Genosse tauchte nur auf, wenn ein Volkspolizist sich in einem unserer Schwänke verirrte.

In unserer Fernsehlustspielwelt lebte ich nicht in demütiger aber in bewusster Selbstzensur. Die wöchentlichen so genannten Argumentationen von „oben” nach „unten” waren reine „Befehle”.

Die Fernsehmitarbeiter wussten genau wo ihre Grenzen sind, bei einem kleinen, wenn auch nur angedeuteten Schritt darüber hinaus, bekamen sie einen ersten nicht schwer zu verstehenden Hinweis:

„Sie m ü s s e n nicht im DDR-Fernsehen arbeiten...” Es war kreuzgefährlich, Kritik zu üben.

Wider besseres Wissen sangen die Genossen Louis Fürnbergs Worte: „Die Partei, die Partei, die hat immer Recht..." „ Denkste", sagt der Berliner.

In der Theorie sind alle Feststellungen über das politische „Zusammenleben" in der DDR richtig, in der Praxis wurden sie natürlich vom Alltag der Menschen aufgeweicht. Der Normalbürger lebt sein Leben nicht in großen historischen Dimensionen, sondern in den Alltagsdingen aller Couleurs. Die DDR-Bürger wussten ganz genau, dass sie besser über die Runden kommen, wenn sie nicht die großen, prächtigen sozialistischen Alleen, sondern die verwinkelten Trampelpfade benutzten.

Im Laufe der Zeit entwickelte sich eine Art Leichtigkeit, das DDR-Leben so zu nehmen wie es war und viele Dinge zu relativieren. Eine gewisse Portion Unernst macht das Leben immer erträglicher. Aus heutiger Sicht lässt sich über manches schmunzeln, aber so richtig lustig waren viele Erscheinungen über die „möglichst vollständige Befriedigung der wachsenden Bedürfnisse der Bevölkerung" nicht. Es gab viel Ärger und viel Wut und eine ehrliche Antwort wollten oder konnten die Verantwortlichen nicht geben, so dass selbst mancher Funktionär in die scheinbare Scherzfrage auswich: „Ja, wollen wir die Republik auflösen?"

Natürlich hatte die weltgrößte DDR eine Mangelwirtschaft, aber der profane Alltag hat die lebenswichtigen Dinge im Arbeiter- und Bauernstaat geregelt, keine stehenden Ovationen auf irgendwelchen Parteitagen. Die meisten DDR-Deutschen haben sich ehrlich mit den Widrigkeiten des Lebens herumgeschlagen, sich an jede Schlange anstellen lautete die Losung, wobei die lebenssichernden Instinkte des Menschen immer bestehen bleiben werden.

So daneben liegt der französische Dramatiker Jean Anouilh gar nicht mit seiner Feststellung: „Die wahren Lebenskünstler sind bereits glücklich, wenn sie nicht unglücklich sind."

Quiz für die Katz'

In den 80er Jahren war ich Mitstreiter und Mitkämpfer in Unterhaltungsredaktionen, die schon damals Hape Kerkelings Losung durchsetzen wollten: Das ganze Leben ist ein Quiz und wir sind nur die Kandidaten, allerdings auf sozialistische Art und Weise. Die Wirkung von Hans-Joachim Kulenkampff, Hans Rosenthal und Rudi Carrell haben wir natürlich nicht erreicht.

Kulenkampff berichtete genüsslich in einer seiner Sendungen, ihm sei brühwarm gesteckt worden, dass er die Fernsehzuschauer vom Klassenkampf abhalte und ein besonders wachsamer Student in Leipzig schon den wissenschaftlichen Nachweis für diesen Fauxpas erbracht habe. Kulenkampff, und nicht nur er, lächelte verständnisvoll. Kichern auf hohem Niveau.

Schon bei der ersten Spiel- und Quizsendung 1983 hatte ich Glück oder Pech, wie man es nimmt. Die Sendung wurde nicht ausgestrahlt, obwohl sie die alte Volksweisheit als Namen hatte: „Aller guten Dinge sind drei". Die Mannschaft bekam allerdings kein einziges Ding auf die Rolle, vom Moderator R. ganz zu schweigen. Er war übrigens der Testsieger in einem so genannten Kaltprogramm im Berliner BMHW-Klubhaus. Zweiter Sieger war damals Wolfgang Lippert.

Aller guten Dinge sind drei, zwei sind mir von dieser Produktion im Leipziger Haus der Heiteren Muse in Erinnerung geblieben, zum einen, dass Bereichsleiter Horst Rentz auf die Frage von Fips Fleischer, ob er denn mit seinen Mannen zur Durchlaufprobe in Maske und Kostüm erscheinen solle, mit der Bemerkung aufwartete: „Ja, glaubst du denn, wir feiern hier ein Gartenfest", zum anderen habe ich bei dieser Fernsehproduktion einen großen Fisch an Land gezogen, respektive recherchiert, um vielleicht mit kleinem interessanten Beiwerk zu retten, was nicht zu retten war. Herr Kitscha aus Groß Lüsewitz saß im Publikum. Er hatte einen 73 kg schweren und 205 Zentimeter langen Wels geangelt, der bis zu diesem Zeitpunkt größte Fisch der DDR. Kein Anglerlatein.

Müller - d e n Namen wird man sich merken müssen

Im Jahre 1984 begann ich redaktionell in einer Mühle zu arbeiten, einer Quizmühle. Wir kämpften wie weiland Don Quichotte gegen Windmühlenflügel, mahlten viel Mehl, backten allerdings keine Dreipfundbrote sondern nur kleine Brötchen, die uns manchen Teilerfolg erringen ließen.

Unser Vorarbeiter war natürlich ein Müller, Müller Alfred oder richtiger ausgedrückt, der Schauspieler Alfred Müller gab den Quizmaster. Ein freundlicher, bestimmter und umgänglicher Mensch, ein Kollege im besten Sinne des Wortes.

Na ja, es wurde eine Quizsendung wie du und ich. Natürlich hatten wir auch geniale Einfälle. Ich recherchierte zum Beispiel im VEB Chemiefaserkombinat Schwarza bei Rudolstadt Quizkandidaten mit den seltenen Namen Schulze, Krause, Lehmann und Meier, um Salz in die Suppe zu bringen. Ingenieur Meyer (das Ypsilon in seinem Namen haben wir durchgehen lassen) erlaubte sich als Mensch und Naturfreund, die Kombinatsleitung darauf hinzuweisen, dass das unsachgemäße Lagern hochgiftiger Stoffe verheerende Umweltschäden hervorruft, die Bäume an einem Zufluss der Saale hatten eines Tages keine Blätter mehr.

Nebenbei erzählte er mir noch, dass in seiner Wohngegend genau vor sechzig Jahren Außenaufnahmen für einen Spielfilm mit Henny Porten stattfanden. Richtig. Die erste bedeutende deutsche Filmschauspielerin drehte genau in dieser Umgebung an der Saale 1924 in der Regie von Carl Froelich den Stummfilm "Mutter und Kind" nach Motiven des Epos' von Friedrich Hebbel. Weitere Darsteller dieses Streifens gingen später in die Filmgeschichte ein: Willi Fritsch und Wilhelm Dieterle.

Ob Ingenieur Meyer in die Werksgeschichte eingegangen ist, entzieht sich meiner Kenntnis. Weil er schon 25 Jahre im Betrieb arbeitete, war man gnädig, er durfte sich für seine "Provokation" schriftlich bei der Kombinatsleitung entschuldigen.

Es war der ganz gemeine Feld-, Wald- und Wiesensozialismus.

Schon in der ersten Sendung haben wir unser Raffinement auf die Spitze getrieben. Raten sie mal wie die ersten Gäste hießen, die Alfred Müller im Studio begrüßte: Genau, Alfred Müller.

Fünfmal haben wir dann die Zuschauer noch durch die Quizmühle gedreht. Für jeden war etwas dabei, auch auf die Mitwirkung von Tieren im

Studio haben wir gebaut und so schrieb mir Tierparkdirektor Professor Dathe auf meine Bitte hin am 8.6.1984: "... wir stellen Ihnen für die o.g. Live-Sendung 6 Tiere zur Verfügung. Zur Auswahl stehen: Junglöwe, Igel, Waldkauz, Schildkröte, Boa, Lama, Zwergzebu..." Alle Tiere kamen putzmunter zurück nach Friedrichsfelde.

Der Name Müller, Müller Alfred, hat übrigens bis heute einen guten Klang.

Lob vom Klassenfeind

Mein Lustspiel „Wer ist denn Wuttke?" hatte im Januar 1985 Fernsehpremiere.

Die Abteilung Heitere Dramatik des DDR-Fernsehens hatte erwiesenermaßen faire Mitstreiter unter den Kritikern, die unsere Sorgen teilten: Keine eigene Spielstätte, kein „ausgebildeter“ Nachwuchs beziehungsweise junge Leute, die sich tatsächlich haben einreden lassen, eine Lustspielrolle würde ihrem Weg zum dramatischen Mimen hinderlich sein.

Aber es gab natürlich auch Kritiker, die diesem „seichten Genre" fast nichts abgewinnen konnten, sie quälten sich förmlich.

Ein oder eine -umy- schrieb unter anderem: „Die Tatsache, dass es mit dem Gegenwartslustspiel an den Theatern allgemein noch immer nicht zum Lachen steht, nahm Roland Ender zum Anlass eines Lustspiels, bei dem allerdings ebenfalls das Lachen zu kurz geriet. So viel Bemühtheit wirkt halt immer mühsam. Die Geschichte selbst ist eigentlich kaum des Erzählens wert... Also - was da 'en famille' und hinterm Theatervorhang dem 'realen, gewöhnlichen Alltag' so alles abgelauscht wird: Schlichter ging's wohl kaum. Und deshalb zeigten selbst lustspielmetiertrainierte Darsteller wie Alfred Struwe, Heinz Behrens, Ursula Christowa-Staack und Hildegard Alex unter der Regie von Eberhard Schäfer recht deutlich, dass sie selbst nichts zum Lachen fanden.“

Normalerweise hätte ich den Hinweis von Max Frisch befolgt, der da lautet, als Autor niemals einem Kritiker zu antworten, es sei denn, er behauptet, man hätte silberne Löffel gestohlen.

In diesem Fall konnte ich diesem mir unbekannten -umy- indirekt antworten, denn der Klassenfeind kam mir zu Hilfe. Nicht, dass ich ihn gerufen hätte, nein, aber fünf DDR-Bürger ließen mir die Kritik von Eckart Kroneberg im „Tagesspiegel" vom 17. Januar zukommen und verstießen damit gegen Gesetze des Landes. Ein Schauspieler aus dem „Wuttke"-Team übergab mir unauffällig in Johannisthal einen kleinen Zeitungsausschnitt, erst dachte ich, es sei ein Bezugsschein für Aluminiumrollos, weil wir während der Kameraproben über diese Mangelware sprachen. Aber es war nur das bewusste Stückchen „Tagesspiegel". Zuguterletzt überließ mir dann auch noch unser Chefdramaturg Just Wagner die Westkritik, er hatte wirklich Humor und freute sich immer ehrlich über gute Kritiken. Unter anderem war da zu lesen: „Ich habe mich königlich amüsiert, und zwar ausnahmsweise genau aus den Gründen, die von den

Veranstaltern gemeint waren. 'Wer ist denn Wuttke?' von Roland Ender war so verwickelt angelegt, dass die Handlung hier nicht skizziert werden kann, lediglich ihr Rahmen; man stelle sich ein Provinztheater vor, dessen Intendant zum Entsetzen aller Beteiligten ein zeitgenössisches Lustspiel auf den Spielplan setzt - geschrieben von einem bis dahin unbekannten Herrn Wuttke (dortige Theaterleute scheinen dieselben Probleme mit Komödien zu haben wie unsereins). Die Titelrolle sollte der bedeutendste Mime dieses Theaters spielen, und so hatten wir es dann: ein ausgezeichneter Schauspieler (Alfred Struwe) hatte einen Provinzmimen zu spielen, dem es unter der Würde erschien, in einer zeitgenössischen Komödie aufzutreten. Theater im Theater im Theater, denn Herr Wuttke war in Wirklichkeit die Frau des Hauptmimen in Kooperation mit dem Intendanten. Bühne und Leben gingen hier auf amüsante Weise ineinander über, und ...(somit) war das Vergnügen komplett. Wie hieß der Titel des fiktiven Stückes? „Alles gut, Ende gut". In der Tat: Drehbuch, Darsteller und Inszenierung waren gut, und somit auch das Ende: die Komödie war eine Komödie, was keineswegs eine Tautologie ist."

Haus der Heiteren Muse

Mit Spiel und Quiz, Gesang und Tanz ging es bei mir 1985 im Haus der Heiteren Muse in Leipzig weiter. Irgendjemand hatte die wunderbare Idee, vier Kandidaten Fragen zu stellen, die aus aktuellen Beiträgen in den Presseerzeugnissen „Neues Deutschland" und „Junge Welt" abgeleitet waren. Trotzdem reichten die Fragen von: Welchen Familiennamen haben Eliza und ihr trinkfreudiger Vater? über: Wie heißt der Schauspieler, der den Chef der Olsenbande spielte? bis: Wer hat Heinrich Heines „Leise zieht durch mein Gemüt" vertont? Keine Angst, die „rein politischen Fragen" waren elegant und en passant „versteckt".

Und auch die Spiele waren lustig und in irgendeiner Form in allen Fernsehanstalten dieser Welt schon einmal über die Bühne gegangen: Von der Besenstiel-Balance und dem Gladiatorenlauf über das Seilkreisen mit Hindernissen und dem Doppelzielwurf bis zur Mäusejagd und dem Luftballontreiben.

Für mich war es eine Übernahme. Eine völlig emanzipierte Redakteurin wies mich ein und erklärte mir diese Erfolg versprechende Idee. Ein Aufnahmeleiter erzählte mir, dass diese Kollegin Rosa Luxemburg als Spitznamen hatte. Ich glaube, einen solchen Namen hätte man sich eigentlich verdienen müssen.

„Spielstraße" nannte sich der Unterhaltungsabend für Mitspieler, Mitwisser und Glückspilze. Das Glück bestand für mich darin, dass ich Günter Wedde, Karl-Heinz Matthes und Lutz Daum als Mitarbeiter kennen lernte, die keine der unangenehmen Eigenschaften der Spezies Fernsehschaffender hatten.

Als erste Zugabe neapolitanisches Volksgut

Die Partei wollte den nicht NSW-tauglichen Mitarbeiter nicht nur vor den schädlichen Einflüssen des westdeutschen Imperialismus schützen.

Wir zeichneten im Oktober 1986 das Gastspiel des italienischen Sängers Angelo Branduardi im Palast der Republik auf. Gespräche mit dem cantatori waren selbstverständlich Angelegenheit des in den Klassenkämpfen unserer Zeit gestählten stellvertretenden Bereichsleiters.

Als es plötzlich um finanzielle Winkelzüge bei irgendwelchen Musikabgeltungen mit den Managern ging und somit unangenehm wurde, gab man mir sofort Redefreiheit. Ehe ich mich versah, hatte ich einen großen Zettel in der Hand (den ich natürlich noch besitze) mit der deutschen Übersetzung der zehn Balladen des irischen Nobelpreisträgers Yeats, die Branduardi vertont hatte. Ich habe allerdings erfolgreich die Rolle des toten Käfers gespielt.

Der Vollblutmusiker und seine vorzüglichen Instrumentalisten faszinierten das Publikum mit Liedern in einer spezifischen Mischung aus italienischer und südamerikanischer Folklore, musikalischen Stilrichtungen verschiedener Jahrhunderte, auch Rock und andere moderne Strömungen. Seinen großen Hit: „Der Wasserfloh" gab er nicht zum Besten, aber als erste Zugabe, wie schon in der Überschrift angedeutet, „O sole mio", und zwar in leisen Tönen.

... und in Adlershof soll's ja auch ein paar Verrückte geben

Diese harmlose Textstelle war so ziemlich das mutigste, was ich mir als Autor des Fernsehschwanks „Familienquiz" erlauben konnte. Trotzdem war es Fernsehen zum Anfassen, denn viel Fernsehmögliches und -unmögliches haben wir auf den Arm genommen oder durch den Kakao gezogen.

Nach vier redaktionellen Jahren mit Spiel, Spaß und Quiz hatte ich (zwangsläufig) 1987 dieses Lustspiel geschrieben.

Die Fernsehmutter (originell gespielt von Christel Peters, die übrigens Jahre später noch einmal ihren Witz und Humor beim gesamtdeutschen Werbefernsehen als Mutter aller Schnäppchen beweisen konnte) des Hauptdarstellers und Quizkandidaten (Heinz Behrens) antwortet, als sie das Wort Quiz hört, schlagartig: „Quiz kenn' ich. Aber das geht mehr ins Geistige. Wer hat Schillers 'Kabale und Liebe' geschrieben? Erster Preis 'ne Currywurst."

Zum Schluss des Kuddelmuddels wollten wir einen im Adlershofer TV weltbekannten Fernsehmann über die Bühne kullern lassen und haben dafür den Heinz, den Quermann, gewonnen.

Unter Genossen

Manchmal fühlte ich mich nicht als Statist, ein paar Mal war ich so etwas wie ein Edelkomparse.

Als Nichtgenosse war ich tatsächlich im März 1988 auf der Parteihochschule in Klein-Machnow. Entweder Chefdramaturg Just Wagner wollte mich auf Vordermann bringen oder es fand sich kein echter Genosse, der Lust hatte. Sei's wie es sei. Es war eine hochinteressante Woche auf hohem Niveau.

Die bekannten Professoren und erfahrenen Lektoren Jarmetz, Pirsch, Nick und Scholl bestätigten ein gutes Jahr vor der Wende die historische Perspektive des Sozialismus und ließen keinen Zweifel daran, wer den Kampf Sozialismus gegen Kapitalismus in Deutschland gewinnt. Professor Nick erläuterte ohne Augenzwinkern, dass Lenin Recht hat, wenn er feststellt, dass die Steigerung der Arbeitsproduktivität letztendlich die Entscheidung zwischen den Weltsystemen herbeiführt und dass unser DDR-Optimismus nicht etwa aus der Verdrängung von Problemen herrührt. Historischer Optimismus wurde das genannt und folgerichtig wurden wir auch vom größten Optimisten in ganz Potsdam und Umgebung empfangen und belehrt, dem SED-Bezirkssekretär Günter Jahn. Leider hat er uns nicht darüber aufgeklärt, dass wir uns an einem „geheimen Ort" befanden. Die Hakeburg war einst Grafensitz, später Geheimlabor in der Hitlerzeit und nun Kaderschmiede. Zum Schmieden gab es bei mir nichts mehr, aber lernen konnte man eine ganze Menge.

Eberhard Fensch, Verbindungsmann des ZK der SED zum DDR-Fernsehen, noch überzeugter vom unweigerlichen Sieg des Sozialismus als alle Professoren zusammen, knüppelte förmlich einen Kameramann nieder, der es wagte, die so genannte Fehlerdiskussion aufzugreifen.

Ein DDR-Bürger, der die Frage stellt, warum es nicht genügend Tiefkühltruhen gibt, arbeite erstens dem Klassenfeind in die Hände und zweitens bekommt er trotzdem keine Kühltruhe.

Eine Gesellschaft mit einer solchen Wirklichkeitsaneignung, eine Gesellschaft, deren Führer und ihre Partei es ablehnen über Fehler zu sprechen, die jeglichen Zweifel als Klassenverrat denunzieren, konnte unmöglich ewig bestehen. Ein gutes Jahr später kam das große Erwachen, die SED hatte sich selbst besiegt.

Obwohl alle Unterrichtsstunden in seminaristischer Form abgehalten wurden, brachte ich kein Wort heraus, nicht nur weil ich kein großer

Redner bin, solche hohen (und hohlen) politischen Ansprüche und Aussprüche konnte man sich wahrscheinlich nur im Parteilehrjahr erwerben.

Ich fiel als kleiner Wicht überhaupt nicht auf, viele kannten mich nicht, bedeutende v.i.p.- Fernsehmitarbeiter, wie die Regisseurin des Thälmannfilms oder die Präsidentin des Dokumentarfilmfestivals von Leipzig waren zugegen.

Am Tisch eines Nobody nimmt niemand Platz, aber es kam noch zum „gemütlichen Abend", denn die als Ehrengäste erschienenen Heinz Grote (phasenweise „Schwarzer Kanal") und Eberhard Fensch saßen mir plötzlich gegenüber.

Grote erkundigte sich, wo ich arbeitete. Ich nannte ihm den Namen meines Chefdramaturgen: Julius Wagner. Er wusste sofort Bescheid: „Ach ja, der Just mit seinen Lustspielen."

Ein paar Minuten unterhielt ich mich auch mit Fensch. Da ich im Gespräch auf mein Sonneberger- und somit 'Grenzland' nach Bayern zu sprechen kam, fragte ich ihn, ob man nicht einen kleinen Grenzverkehr als erste Stufe einer Westreiseregelung in Erwägung ziehen könne. Ich habe seine Antwort noch heute im Ohr: „Wenn die Devisenfrage gelöst ist, wird auch das kommen..."

Die Devisenfrage wurde tatsächlich in historisch kürzester Zeit gelöst.

Der Sozialismus siegt, aber jähe Wendungen sind nicht ausgeschlossen

Im Juni 1988 bekam ich ein Telegramm einschließlich der amtlichen Urkunde (mit Dienstsiegel) aus Neustadt bei Coburg, Tante Anna war verstorben. Aber noch war der freie Weg nach Bayern versperrt. Und so beantragte ich tatsächlich eine Reise in die BRD, die natürlich abgelehnt wurde. Da meine Mutter aus gesundheitlichen Gründen nicht mehr reisen konnte und ich die Familie vierzig Jahre lang nicht gesehen hatte, entschloss ich mich zu diesem Schritt. Es war die Verzweiflungstat eines Gutmütigen. So genannte 150-prozentige finstere Gestalten in der Kaderabteilung in Adlershof zeigten mit dem Daumen nach unten, Chefdramaturg Wagner sagte ja, Bereichsleiter Rentz zeigte zumindest Verständnis bei diesem Reisegrund. Ein weiterer anwesender zuständiger Genosse, dessen Name ich besser nicht erwähne, sagte mir, dass er sogar eine Tante in Amerika habe, sie aber nicht sehen wolle.

Es ist gut, dass solche Menschen keine Gedanken lesen können, sonst wäre ich schon damals entlassen worden. Spätestens hier hätte Max Frisch bemerkt: „Nur nicht die Wut verlieren."

Und tatsächlich, mit erstaunlicher Wut und klaren Worten hatte ich mein Unverständnis kundgetan. Jeder Fernsehmitarbeiter kannte die Problematik der Westreisen und am besten verstanden sich die wahren und die falschen 150-prozentigen Genossen auf diese Masche. Sie scheuten sich nicht, in die „östlichste Speerspitze des Imperialismus" zu fahren, nichts war begehrter als so genannte „Westreisen", nach ihrer Rückkehr sprachen sie mit Abscheu gegenüber dem Klassenfeind, allerdings mit der Maßgabe, dass sie im nächsten Jahr unbedingt wieder in den Westen reisen müssten, da sie die raffinierten Methoden der Gegner des Sozialismus schon klar durchschaut hätten. Fast widerwillig hatten diese Genossen jahrzehntelang dieses Privileg ausgekostet, ihrer Ergebenheit konnte sich die Partei immer sicher sein.

Schade, dass ich im Sommer 1988 nicht geahnt habe, was 1989 passierte, sonst hätte ich all diesen Leuten in ruhiger Form mitgeteilt: Nicht mehr lange, Genossen, nicht mehr lange könnt ihr den bayerischen Behörden misstrauen, ich werde auch ohne euer Einverständnis und noch als festangestellter Fernsehmitarbeiter in die kapitalistische Welt hinaustreten.

Ich werde als Liebhaber der (Thüringer) Bergwelt zusammen mit meiner Frau als erstes nach Österreich fahren und auf dem Hintertuxer Gletscher in 3 000 Meter Höhe herumkraxeln, ich werde im Benatzkystüberl im „Weißen Rößl“ am Wolfgangsee a Bratl essen, in Venedig auf der Rialtobrücke genau über dem Canale Grande meine Frau umarmen und ich werde mir einen Traum erfüllen, den ich seit Beginn meines Französischunterrichtes in der Sonneberger Oberschule 1952 hatte, auf nach Paris, in diesem Falle mit Frau und Sohn. Frédéric Chopin hatte Recht: „Paris ist alles, was du willst.”

Wir sind durch die Glaspyramide des Architekten Ming Pei in den Louvre gelangt, wir haben in der Rue Montaigne nach oben geschaut, wo Marlene Dietrich noch lebte, meine Frau hat für ein Foto scheinbar bei Yves Saint Laurent die Hausklingel betätigt, zwei Stunden lang verfolgten wir die höchst interessante Zeremonie der französischen Resistancekämpfer am Triumphbogen, und wir waren auf dem Friedhof „Père Lachaise". Diesen Ort „kannte ich auch schon”, natürlich nur aus meinem Oberschul-Lehrbuch der französischen Sprache „Ici la France”, wir besuchten die „Mauer der Föderierten”, Denkmal für die an dieser Stelle erschossenen Kämpfer der Pariser Kommune, die Gräber von Molière, La Fontaine, und plötzlich sahen wir eine große Anzahl junger Leute, die zwischen Gräbern lagen und standen. Ich war an diesem Ort doch etwas erschrocken und mit Frau und Sohn machten wir einen großen Bogen um diese Friedhofsbesucher, da ich annahm, dass irgendeine Pariser Szene nicht mehr weiß, was sie machen soll.

Weit gefehlt, der 3. Juli 1991 war der 20. Todestag von Jim Morrison, dem Sänger der Gruppe „doors", der 1971 in einem Pariser Hotel an Herzschlag starb und dessen Grab sich viele Fans an diesem Tag als Pilgerstätte auserkoren hatten, etwas ungewöhnlich, aber friedlich.

Wie oft haben wir Zuhause von Paris und seinem stählernem Wahrzeichen gelesen, aber erst beim nächtlichen Blick vom Eiffelturm wurde uns bewusst: Einmal sehen ist besser als hundertmal lesen. Meine Familie war so begeistert, dass wir den Aufzug verließen und die letzte Etappe die Stahltreppen "runterschwebten".

Zu meiner gescheiterten Westreise 1988 mit positiven Pariser Spätfolgen passen die Worte des französischen Schriftstellers Marcel Proust: „Pessimisten sind die wahren Lebenskünstler, denn nur sie erleben angenehme Überraschungen.“

Mit meiner „Pariser Schwärmerei" und den „Wanderungen" von Capri über Rom und London nach Oslo und Stockholm habe ich unsere Auslandsreisen als DDR-Bürger keineswegs klein geredet. Natürlich ritt Peter auf einem Esel die bulgarische Schwarzmeerküste entlang, selbstverständlich verbrachten wir wunderbare Tage in Prag und sind schon in den 60-er Jahren mit einer „herbeigezauberten" Einladung nach Budapest gefahren. Wir haben im Haus der Mutter unserer Solotänzerin Emöke vom Fernsehballett übernachtet, Budapest genossen und den Plattensee, Geld geliehen (und der in Dresden lebenden Schwester Emökes zurückgegeben) für eine wunderbare braune Wildlederjacke aus der legendären Vazi-utca, und wir haben unsere interessanten ungarischen Gastgeber kennen gelernt, die die Welt der eingeschüchterten sozialistischen Kleinbürger schon weit hinter sich gelassen hatten.

Wie ist die Stimmung 1989?

Die Stimmung war eine Art schlapp gewordene Wut und die Resignation bringt natürlich die Anpassung hervor, man ließ den Herrgott einen guten Mann sein, zog sich ins Private zurück und scherte sich immer weniger um die erbitterten Klassenschlachten.

Es ist ein komischer Traum, nur mit 'Unterhaltung' dem System nicht gedient zu haben und mit harmlosen Schlenkern geharnischte Kritik denen da oben entgegengeschleudert zu haben.

Auf die Frage einer Schwankfigur in der Dekoration Küche, wo denn der Zucker stehe, äußert die andere Schwankfigur mutig: „In der Jakobsdose." Mehr an Obstruktion war nicht drin, es war weder sanfter Widerstand, geschweige denn Aufmüpfigkeit. Während wir unseren Figuren ein bisschen 'Schwanken ' erlauben durften, stand der große Vorsitzende felsenfest. Am Abend des 40. Jahrestages der DDR wartete Erich Honecker mit der weitsichtigen, in die Kameras des DDR-Fernsehens gesprochenen Bemerkung auf, dass er „noch guten Mutes in das fünfte Jahrzehnt" gehen werde. Humor hat er auch bewiesen mit seinem Hinweis, dass wir im DDR-Fernsehen nur über unsere Erfolge berichten sollten, da alle Rückschläge und Niederlagen von den Feinden im Westfernsehen sowieso ausgiebig genug dargestellt würden.

Berlin - Alexanderplatz

Am 4. November 1989. kommt es in Berlin zur Demonstration aller Demonstrationen.

Die DDR war reich gesegnet mit Demonstrationen und Fahnenmeere, Hochrufe auf die Parteiführung, die sozialistische Menschengemeinschaft und auf den Sieg des Sozialismus waren der Inhalt.

Plötzlich waren auf dem Alex von Demonstranten gefertigte Schilder zu lesen: „Egon, warum hast du so große Zähne....", „Ohne Visa von Berlin nach Pisa", „Sägt die Bonzen ab, schützt die Bäume“, „Marx versaut, Rosa geklaut“.

Ans Mikrofon traten Menschen mit denkwürdigen Vorschlägen für den 1. Mai: „Die Führung zieht am Volk vorbei" schlug die Schauspielerin Steffi Spira vor.

Witzige Sprüche und Parolen gab es auch schon in den zurückliegenden Jahrzehnten. Offiziell wurde allerdings argumentiert, der Klassenfeind hätte solche Niederträchtigkeiten erfunden. Schon 1959, zum 10. Jahrestag der DDR, hieß es: „Keine Butter, keine Sahne, auf dem Mond die rote Fahne".

Auf dem Alex sprachen viele Redner aus, was Tage vorher noch Kopf und Kragen kostete.

Christoph Hein hat mit seinem ersten Satz alles gesagt: „Liebe mündig gewordene Mitbürger".

Auch wir in unserer kleinen Fernsehabteilung „Heitere Dramatik" wollten ernsthaft (und blauäugig) zu neuen Ufern aufbrechen, ich setzte mich erfolgreich mit Horst Pillau in Verbindung und klopfte frech und unangemeldet an die Haustür von Curth Flatow, der mich sofort freundlich zu sich in die gute Stube bat. Beide Autoren waren selbstverständlich zur Zusammenarbeit bereit... und witzig wie in ihren besten Stücken. Schon kurze Zeit später musste ich ihnen mitteilen, dass wir das rettende Ufer nicht erreicht haben, da wir gemühlfenzelt wurden und... abgesoffen sind. Schade.

Der Sender Freies Berlin

Der Name: Sender Freies Berlin wurde vom 9. zum 10.November 1989 im eigentlichen Wortsinn mit prallem Leben gefüllt.

Es war die Fernsehnacht aller Fernsehnächte. Ich habe bis Sendeschluss das Programm des SFB verfolgt, das heißt, ich saß baff vor dem Fernseher und lauschte Bild und Ton. Obwohl ich das Unglaubliche hörte und sah, glauben konnte ich es nicht. Eigentlich hätte ich sofort meine Frau wecken müssen, denn für eine Originalberlinerin war diese Nachricht mit Freudentränen verbunden.

Mein Blick war mehr nach Bayern gerichtet, jahrzehntelang war der Freistaat zum Greifen nahe. Sehnsüchtig haben wir von den Sonneberger Bergen nach Neustadt und bis zur Festung Staffelstein geschaut. Der 516 Meter hohe Mupperg, der wie ein Wachposten in der Linder Ebene steht, war einen Katzensprung weit entfernt. Als ich den Fernseher in der Nacht ausschaltete, hatte mein Körper alle Glückshormone ausgeschüttet. Sollten denn tatsächlich die Sumbarcher eines Tages wieder „nüber" dürfen? Jahrzehntelang war es nicht möglich, jetzt dauerte es nur noch ein paar Stunden.

Meine Mutter hat diese Ereignisse mit besonderer Genugtuung wahrgenommen. Um als Rentnerin zu DDR-Zeiten in das ein paar Minuten entfernte Neustadt zu kommen, musste sie den beschwerlichen Eisenbahnweg Sonneberg-Probstzella-Lichtenfels-Coburg-Neustadt oder später über Eisfeld wählen, um unsere Verwandten besuchen zu können.

Schabowskis Missverständnis im Internationalen Pressezentrum in der Mohrenstraße, manche haben es grandios genannt, hatte den Ansturm der Ostberliner auf die Grenzübergänge ausgelöst und eine halbe Stunde vor Mitternacht ließ der verantwortliche Offizier an der Bornholmer Straße die Schlagbäume öffnen mit den Worten: „Wir fluten jetzt". Ergreifende dokumentarische Bilder liefen über dem Bildschirm. Authentisches Glück war in den Gesichtern der Berliner zu sehen, es war ein entfesselter Freudentaumel.

Nie zuvor und niemehr danach wurde so oft das Wort „Wahnsinn" ausgesprochen, die Überwindung der Sprachlosigkeit kristallisierte sich in diesem einen Wort. Schabowski hatte den Nachweis erbracht, dass man auch mit Missverständnissen Geschichte machen kann.

Nach dem 9. November 1989 ...

Über Nacht sozusagen hatte sich der Kommunismus verflüchtigt, er wurde wieder zum Gespenst, und alle Bände von Marx und Engels verschwanden im Archiv.

Die scheinbar unumstößliche Ordnung wurde nahezu überrumpelt und hinweggefegt. So schnell begriff ich nicht, dass wir die sozialistische Welt verlassen und in die kapitalistische Warenwelt eintreten werden.

Für eine kurze Zeit schien der Kapitalismus alle Probleme zu lösen, auch seine eigenen. Es ist die Stunde des Großkapitals, die Geschäftsgrundlage ist der Profit.

Die Auszahlung des ersten West-Lohnes verlief dann schon in kapitalistischen Bahnen, die freundlichen Mitarbeiter der Bereichsökonomie durften nicht mehr wie bisher die Gehaltsstreifen leger über den Tisch reichen, nein, nein, nein, mit einem fest verschlossenem Couvert, Diskretion wahrend, wurde alles abgewickelt. Jener (zur Verschleierung von oben und unten, von arm und reich), von klugen Apologeten erfundener Begriff des Neidfaktors wurde schon in der kleinen Version bedient.

Aber wo die freie Marktwirtschaft Schatten wirft, ist natürlich auch Licht. Die neuen Herren verkündeten: Pacta sunt servanda - Verträge sind einzuhalten - und so wurde meine 7-teilige Serie „Grüne Welle" (das aufregende Leben eines Fahrlehrers und was da so alles unglaublich Lustiges passiert) zwar nicht mehr produziert, aber bezahlt.

Den Beruf des Dramaturgen konnte ich im Kapitalismus nicht mehr ausüben, aber ich wurde noch einmal daran erinnert, als ich auf einer Versicherungspolice die Berufsbezeichnung „Dramaturch“ las. Ob ich den Friedrichshainer Allianzvertreter mit der prägnantesten und umfassendsten Schilderung des Dramaturgen-Berufes durch den berühmten Regisseur Erich Engel überzeugen konnte, ich weiß es nicht: „Was tut ein Dramaturch? Er liest ein Drama durch."

Grenzdurchbruch in der Linder Tiefebene

Bevor ich mit meiner Frau 1990 ins kapitalistische Österreich fuhr, habe ich mit meinen Sohn vorher noch einen Gewaltmarsch ins imperialistische Deutschland unternommen und was lag näher als in Sonneberg-Höhnbach die Grenze nach Bayern zu passieren.

Welche irrwitzigen Situationen hatte die Wende hervorgebracht? Während Peter noch einen Tag vorher als Gefreiter in einem Randberliner NVA-Standort Raketen Richtung Klassenfeind schärfte, wurde er buchstäblich "auf eigenen Wunsch" einen Tag später aus der Nationalen Volksarmee entlassen und tigerte zusammen mit seinem Vater schnurstracks von Sonneberg ins "Feindesland" Richtung Neustadt bei Coburg.

Es ging über Stock und Stein, quer durch die Linder Tiefebene, direkt über Grenz- und Sperranlagen, die an dieser Stelle noch nicht abgetragen waren. Die Euphorie hat auch die Vorsicht vergessen lassen, ich kann im Nachhinein nur hoffen, dass keine Minen in der Nähe waren. Wir haben in der Gaststätte auf dem Mupperg den Schlüssel für den Prinzregententurm geholt und einen herrlichen Panoramablick über Thüringen und Bayern genossen. Per Turnschuh ging es auch wieder zurück nach Sonneberg. Es fiel uns leicht, das „Grüß Gott" der Spaziergänger in der Sprache der Bayern zu erwidern.

Aus... Aus... Aus, das Spiel ist aus...

An den Freistaat Bayern habe ich gute Erinnerungen. Der einzige Bayer, den ich nicht kennen lernen wollte, hieß Mühlfenzl. Es war eine gespenstische Situation, als er am 28. November 1990 im Studio A in Adlershof eine allerletzte Betriebsvollversammlung abhalten ließ. Sein Tagesbefehl war uns allen schlagartig klar: "Kleinmachen und zusammenfegen." Gesagt hat er allerdings, dass wir jetzt in ganz Europa arbeiten könnten.

„Aus, Aus, Aus..." hätte wahrscheinlich Herbert Zimmermann, der legendäre Rundfunkreporter des Fußballweltmeisterschaftsendspiels 1954 Deutschland - Ungarn gerufen... „das Spiel ist aus, die DDR ist futsch..."

Für Teile der westdeutschen Bourgeoisie begann die Zeit des Reichwerdens in allen Varianten, für viele im Osten eine Art geregelte Armut.

Mein letztes Geld inklusive Abfindung musste ich 1992 mit Hilfe des Prozessbevollmächtigten Herrn Butulla von der IG Medien regelrecht einklopfen, die Auflöser hatten sich inzwischen in die Nalepastraße zurückgezogen. Ein Rechtsanwalt aus Stuttgart wollte mich noch in eine jener politischen Siegerdiskussionen verwickeln.

Die größte Nummer waren natürlich die Prozesse vor dem Arbeitsgericht des Landes Berlin. Fernsehgeneralbevollmächtigter Schulz zeigte mir 1970 bei Gesprächen über Schauspielerverträge für unsere Fernsehserie „Dolles Familienalbum" noch seine im Schrank des Arbeitszimmers hängende Offiziersuniform, vor dem Arbeitsrichter zeigte er mir nur die kalte Schulter. Mit Hilfe der Industriegewerkschaft Medien „gewann" ich wie viele Betroffene den Rechtsstreit und war noch bis 31.12.1991 Mitarbeiter der Einrichtung, natürlich nur auf dem Papier.

Genosse Schulz oder war er nur noch Herr Schulz (viele verließen die geliebte Partei ruckartig) betrat als Generalbevollmächtigter den Gerichtssaal (spärlich ausgestatteter Klassenraum, der mich an den alten Witz erinnerte: Draußen schreiben sie ran "1.Klasse" und drinnen haben sie nur alte Holzstühle.) und verließ ihn als gebeutelter Wicht.

Ein zweiter Prozess wegen falscher Gehaltseinstufung dauerte nur ein paar Minuten und wieder verließ ich als „Sieger" den Raum.

Insgesamt gesehen waren die älteren Mitarbeiter jedoch im Prinzip die großen Verlierer.

Das letzte Schreiben des so genannten Rundfunkbeauftragten erhielt ich am 26. September 1991: „... da Sie die Ihnen mit Schreiben vom 22.3.1991 ausgesprochene Kündigung Ihres Arbeitsverhältnisses zum 30.6.91 gerichtlich angegriffen haben, kündige ich Ihnen hiermit vorsorglich erneut zum 31.12.91, höchstvorsorglich darüber hinaus zum nächstzulässigen Termin."

„Das in Rechtskraft erwachsene Urteil" vom 12. Februar 1992 (!) beinhaltete das Weiterbestehen meines Arbeitsverhältnisses mit der Einrichtung bis zum 31.12.1991.

Das war dann der Schlusspunkt aller Scheingefechte. Wahrscheinlich hätte man als Starttermin für das DDR-Fernsehen nicht Stalins Geburtstag am 21. Dezember 1952 wählen dürfen.

Die mobile Zeit nach der 'überdachten Zündkerze'

Als ich 1991 zum ersten Mal mit einem Fahrzeug einer renommierten französischen Firma auf der Autobahn Richtung Bayern unterwegs war, ist mir ein qualmender Trabant kurz vor der Abfahrt Triptis in Erinnerung geblieben, dessen Fahrer wahrscheinlich aus Verzweiflung allen Westschlitten mit einem religiös verbrämten Hinweis ihre Grenzen aufzeigen wollte. Auf einem nicht zu übersehenden großen Aufkleber war deutlich zu lesen: "Mich könnt' ihr überholen, aber an Gott kommt keiner vorbei."

In die Gedankenwelt dieses Fahrzeuglenkers konnte ich mich irgendwie leicht hineinversetzen, wenn ich an all die Jahre denke, in denen ich persönlich Hand an die Phenolharzkarosse anlegen musste. Das ging auf keine Kuhhaut oder vielleicht doch, denn der Trabi wurde ja im Prinzip geritten. 1990 habe ich ihn buchstäblich auf'm Hof stehen lassen und mir ein Auto gekauft.

Angesichts dieser Autovergangenheit ist es kein Konsumdenken, sondern die reine Freude, wenn man ein Fahrzeug besitzt, das tagaus tagein von minus 20 ° bis plus 34° beim ersten Mal anspringt und nicht ein einziges Mal stehen geblieben ist. Ein bisschen Werbung muss sein.

Wendehälse und Umdeuter

Einige Zeit nach der Wende traf ich zufällig in Berlin einen ehemaligen leitenden Genossen, dessen Namen ich auch vergessen will. Auf meine Frage, wie er denn die Wende überstanden habe, sagte er tatsächlich, als sei er die letzten 25 Jahre in Australien gewesen: "Was meinst du? War was?" Ich war wirklich erschrocken und habe ihm das deutlich zu verstehen gegeben, daraufhin verblüffte er mich noch mehr: Wir haben doch alle mitgemacht und außerdem war ja schon seit Jahren klar, dass es bergab gehe. Die schlimme Entschuldigungstheorie vieler Deutscher lebte wieder auf: Alle waren ein bisschen und somit niemand richtig schuld. Die verschworene Gemeinschaft von Kämpfern für die gerechteste Sache der Welt wartete also jetzt mit einer Reihe peinlichster Schuldzuweisungen auf und diese Genossen wollten auch nicht mehr daran erinnert werden, was sie in der DDR gesagt und getan haben. Das zufällige Zusammentreffen nahm dann ein groteskes Ende mit seinem Schlusssatz, dass er außerdem schon in Amerika gewesen sei, wobei ich nicht weiß, ob er dem Sozialismus einen letzten Schlag versetzen oder deutlich machen wollte, dass er auch jetzt oben schwimmt.

Bis 1989 ließen diese Funktionäre immer deutlich verlauten, dass sie in unbeirrbarer Treue bis in den ..., na ja, nicht ganz so weit, die DDR-Fahne des Sozialismus hochhalten werden und jeder, der auch nur den geringsten Zweifel daran äußert, hätte die Größe der historischen Aufgabe nicht verstanden.

Ab 1990 waren diese ideologischen Doppelzüngigen bei dieser Bewegung so gut wie nicht dabei gewesen. Larmoyant wollten sie über diese Zeit hinwegreden und ihr Engagement vergessen lassen. Die großen Schwafler oder Vortäuscher in der SED fühlten sich in ihrer Selbstherrlichkeit absolut sicher, analog der Feststellung ihres Herrn, dass den Sozialismus in seinem Lauf weder Ochs noch Esel aufhalten, sonst hätten sie sich in den letzten Jahren bestimmt kleinlauter gegeben. Für diese Leute hätte es ewig so weiter gehen können.

Nach diesem Wortwechsel war ich umso mehr davon überzeugt, dass diese tapferen Genossen zweifelsfrei zum Untergang der DDR beigetragen haben. Ich möchte nicht wissen, wie oft Adameck die Hände über dem Kopf zusammengeschlagen hat, als er die Äußerungen vieler seiner engeren Mitstreiter in den Nachwendejahren las oder hörte.

Manche Kampfgefährten und Begünstigten, die devot an seinem Tisch saßen und viel mit dem Kopf nickten, wissen Jahre später über ihre äußerst kritische Sicht zur unumstößlichen Parteilinie zu berichten, über ihr geschicktes Verhalten, wenn es galt den „Betonköpfen" Zugeständnisse abzuluchsen. Einer will sogar ohne Genehmigung die Sitzung verlassen haben, wobei er die Tür zwar leise öffnete, aber um so lauter aus Protest von außen zuschlug. Es war eine Doppeltür. Viele Ausführungen von leitenden Genossen waren schon zum Zeitpunkt ihres Aussprechens gespenstisch, im Rückblick werden sie noch gespenstischer. Was da der staunenden Nachwelt in Protokollen oder heimlichen Tonbandmitschnitten an Absurdem aufgetischt wird, ist kleinkariert, gefährlich und lächerlich zugleich.

Die einen waren prinzipienfest, aber sie hatten keine Prinzipien, den anderen konnte auch nichts passieren, sie hatten mehrere Prinzipien und mehrere Standpunkte.

Für einige Kämpfer war es ein nahtloser Übergang von den Lehren Karl Marx' zu den Ansichten von Georg Gafron oder Helmut Thoma.

Kabarettisten verkündeten beispielsweise die These, der private Fernsehsender RTL stelle linientreue Genossen ein, ja Parteisekretäre, sie gelten nicht als Querulanten, sie halten immer treu zur Sache, egal ob es sich um die Lehre von Karl Marx oder die Verhaltensregeln eines Guru der manipulierten Massenkultur handelt... und sie verlasen, ohne mit der Wimper zu zucken, im Feindsender die Nachrichten der ehemals gescholtenen Imperialisten. Es galt auch die Theorie, allerdings nur in Comedy-Kreisen, dass im Moment der offene Klassenkampf nicht möglich ist und deshalb aus dem Untergrund heraus dem Kapitalismus der Garaus gemacht werden soll.

Der Chef eines Berliner Kommasenders, von DDR-Seite als Bildzeitung der Lüfte „gebrandmarkt", der die Repräsentanten der absterbenden Klasse hofiert, wurde von einem bekannten DDR-Komiker, der noch vor nicht allzu langer Zeit rückhaltlos hinter der DDR-Argumentation stand, plötzlich als brauchbarer Medienmann mit guten Ideen bezeichnet.

Der Künstler verwechselte scheinbar sein kurzes Gedächtnis mit einem reinen Gewissen. Aber um diese Leute muss sich niemand Sorge machen, sie waren zu DDR-Zeiten brauchbares Personal und sind es auch heute. Man kann schon fast allen Nomenklaturkadern des DDR-Fernsehens, die s t i l l vor sich hin arbeiten, dankbar sein. Geld muss verdient werden, keine Frage.

Eine Vielzahl prominenter Künstler und Sportler, die von der Staatsspitze hofiert wurden, antworteten auf Honecker angesprochen mit der Gegenfrage: "Wer?"

In den 90er Jahren meldete sich auch ein Anzahl „mächtiger" DDR-Politiker, die den Untergang vorhersahen, ihre „ehrlichen" Schuldzuweisungen schlauerweise nach dem Verschwinden der DDR aufstellten.

Job = (engl.-amerik.) Gelegenheitsarbeit

Im März 1991 schrieb die Zeitschrift der IG Medien „Publizistik und Kunst": "Es ist eine beschlossene Sache: In den neuen Bundesländern und dem früheren Ost-Berlin muss Freiheit eingeführt werden - Freiheit von der phantasietötenden sozialen und arbeitsrechtlichen Absicherung auf festen Arbeitsplätzen, Freiheit von geregeltem Einkommen und von der lästigen Verpflichtung einer regelmäßigen Beschäftigung.“

Waren das zynische Klassenkampfparolen oder weitestgehend Realität? Aus heutiger Sicht ergibt sich folgendes Bild: 4 Millionen Arbeitslose offiziell, im Grunde genommen sind es rund 7 Millionen Menschen, die herausgedrängt wurden, die nur vorübergehend beschäftigt sind, die sich zum Teil bis zu irgendeiner sozialen Hilfe oder einer vorzeitigen Rente gegen ihren Willen zwangsläufig durchgewurstelt haben, wissend, dass sie eine Arbeit im eigentlichen Sinne nicht mehr bekommen werden, nicht mal einen Job. Ein schlimmes Wort.

Es gibt sogar ernst zu nehmende Wirtschaftswissenschaftler, die in der Gesellschaftsordnung des Turbo-Kapitalismus nur noch Beschäftigung für 35 % der Arbeitsfähigen sehen, der Rest muss bei Laune gehalten werden, damit die Verteilung der Güter so bleiben kann, wie die Begüterten es sich wünschen und niemand darüber nachdenkt, dass Gerechtigkeit keine Markt-, sondern eine Machtfrage ist.

Die Globalplayer und ihre Helfer in Politik und Ökonomie sind an die Grenzen der kapitalistischen Gesellschaftsordnung gestoßen. Millionen Arbeitslose können weder für sich noch für den Staat Werte schaffen.

Knorke is zweemal so schnaffte wie dufte...

... so wunderbar hat es der Komiker Erich Carow definiert.

Am 15.9.1967 bekam ich von der Abteilung Innere Angelegenheiten des Magistrates von Groß-Berlin die Zuzugsgenehmigung Nr. 109117 nach Berlin. Meine Liebeserklärung an diese Stadt darf selbstverständlich nicht fehlen und der Ausgangspunkt dazu ist Wien.

Ein richtiger Berliner wird man natürlich nicht mehr, auch wenn man viele Schnoddrigkeiten übt: „Icke, dette, kieke mal, Oogen, Fleesch und Beene, die Berliner allzumal sprechen jar zu scheene!“ Aber die Berliner Mundart mit ihren witzigen Wortspielen und ihrer drastischen Deutlichkeit gefiel mir von Anfang an. Ich spreche noch heute den fränkischen Dialekt, die Sachsen und die Schwaben haben ihre eigene „Spezialsprache", aber ich spürte, dass das „Berlinern" die optimistische Variante des Lebens auf hohem Humorniveau mit einer gehörigen Portion Selbstironie bedient.

Von Babelsberg kommend, wohnte ich seit den sechziger Jahren in mehreren Berliner Stadtbezirken. Im alten Mietshaus in der Wisbyer Straße konnte ich von den überwiegend älteren Bewohnern gar nicht genug hören vom Berliner Witz, der ohne Vorwarnung aus dem Stand heraus kam.

In Erinnerung ist mir ein „jebürtijer” Berliner, der in der SFB-Abendschau 1989 auf die Frage eines Reporters, was er denn davon hält, dass Walter Momper zum Regierenden Bürgermeister gewählt wurde, trocken und aus der Lamäng antwortete: „Warum sollten eener mit 'ner Platte nich ooch mal Glück ham.“

Was der Urberliner oder Basisberliner an echtem Witz und Humor raushaut, das kann man sich auch in mehreren Nächten nicht ausdenken. Leider nimmt die Anzahl der „richtjen” Bewohner, die tatsächlich den Berliner Dialekt sprechen, immer mehr ab.

Man kann den schnellen, trocknen Berliner Witz nachlesen, im Fernsehen, Rundfunk oder auf CDs sich anschauen oder anhören, aber es ist ein Glücksfall wenn man einen Urberliner mit Auge und Ohr direkt erlebt... und das noch in Wien Ende des vorigen Jahrhunderts.

Er gehörte mit seiner Frau zu unserer Reisegruppe, und in all den Stunden in denen wir zusammen waren, haben wir uns köstlich amüsiert. Der Mann war bei aller „Grobheit” ein Virtuose beim Witzeerzählen, zu jeder Gelegenheit fand er genau im richtigen Moment, wie aus heiterem

Himmel eine komische oder sarkastische Bemerkung. Leider habe ich nur einen kleinen Teil dieser Berliner Lektion behalten können. Als er in den Bus vorm Hotel stieg rief er laut und deutlich mit „unfrisierter Schnauze": "Morjen. Hier riecht et nach Obst, hat vielleicht eener ne weiche Birne." Der Einstand des Berliners war gelungen, denn alle lächelten.

Es war Hochsaison und sehr warm und der Kraftfahrer musste von allen möglichen Herbergen die Touristen auflesen, die wie wir auf der schönen blauen Donau nach Melk fahren wollten. Vielleicht hatte der Busfahrer einen etwas älteren Stadtplan, zusätzlich machten ihm auch noch die Einbahnstraßen des Wiener Rings zu schaffen, als er zum dritten Mal im Karree fuhr, blieb er, sich orientierend und die Farbampelschaltungen übersehend, zu lange an einer Kreuzung stehen, der Berliner meldete sich: „Mann, is denn jar nüscht für dich dabei." Der Busfahrer grantelte nicht, er lächelte wieder. Als der Wiener Chauffeur zum dritten Mal an dieser Kreuzung stand und die letzte Pension suchte, haute unser Urberliner eine Pointe Richtung Busfahrer raus, die wirklich zum Schreien war: „Führerschein hast'e keen, wa?" Der Wiener hatte einen Batzen Charme und lachte lauthals mit, er war g'scheit und hatte sicherlich 's Herz von an echten Weana.

Die Abfahrtszeit des Donaudampfers rückte immer näher, die wartenden Touristen vor ihren Hotels wurden immer unruhiger und als der Busfahrer endlich vor der letzten Pension hielt, standen die ungeduldig wartenden Ausflügler schon halb auf der Straße und sprangen flugs in den Bus, wo sie unser Berliner mit der mehr als grotesken Frage begrüßte: „Wo kommt ihr denn jetzt her?"

Auf der Fahrt mit dem Ausflugsdampfer zur herrlichen Barockanlage Stift Melk, brachte er einem älteren, unendlich geduldigen und freundlichen amerikanischen Ehepaar, das gut deutsch sprach, den Berliner Humor nahe. Es war eines dieser zu Tausenden durch die Welt reisenden amerikanischen Ehepaare, und zwar in einem Alter, in dem wir uns kaum noch aus dem Hause trauen. Unser Hauptstadtbewohner fuhr mit seinen originellen Ausdrücken und Witzen schlagfertig und geistreich die Berliner Mundartleiter rauf und runter. Wir haben zusammen mit den Amerikanern Tränen gelacht.

Das Ehepaar war so begeistert, dass es sogar die Kopfbedeckung mit dem Spreeathener tauschte. Da war die Rede von: „Ehe ick mir noch mehr wundre, gloobe ick et lieba; Et jinge wohl, aba et jeht nich; Ick bestreite allet und erwarte den Jejenbeweis; So dumm möcht ick ooch mal sin, aba bloß for fümf Minuten; Der wartet, bis de Krankenkasse det Haarschneiden bezahlt; Det hast'e dir wohl jekooft, wie keena im Laden war; Den kenn ick so jut, det ick ihn auswendich fotojrafieren könnte."

Geistreiches wurde einem wieder ins Gedächtnis gerufen: Ein Berliner kommt ins Kaufhaus und verlangt den Geschäftsführer. „Ham'se hier allet?" Der Geschäftsführer antwortet: „In meinem Kaufhaus können Sie sogar den Mond bestellen?" „Det glob' ick, aba Sie liefern ihn nicht."

Bevor wir das Schiff in Schloss Melk verließen, erzählte er unseren amerikanischen Gästen noch, was er von seinen deutschen Mitreisenden hält: „Allet Kasperköppe." „Sehn'se, det is Berlin", so hieß wohl der Refrain mit dem die Insulaner ihre Auftritte beendeten.

Karl Farkas bemerkte: „Österreich unterscheidet sich von Deutschland vor allem durch die gemeinsame Sprache." Und so ist es nahe liegend von einer, wenn auch unbekannten, herrlichen Berliner Type zu Schauspielern überzuleiten, die im deutschsprachigen Raum weltbekannt sind und die das Weanerische personifizierten. Mit der Straßenbahn fuhr ich zum Wiener Zentralfriedhof.

Ganz nüchtern kann man nicht bleiben, bei einem sentimentalen Menschen schleicht sich schon ein bisschen freundliche Rührseligkeit ein, wenn man die Gräber von Hans Moser und Paul Hörbiger sieht. Wie oft haben beide die folgenden Zeilen gesungen und wie oft habe ich in diesen fünf Jahrzehnten diese beiden Schauspieler auf der Leinwand erlebt: „Wenn der Herrgott nicht will, nützt das gar nichts. Sei schön still, treib nicht um, sag: Es war nichts..." Keine schlechte Philosophie für ältere Semester.

Und der weltbekannteste weanerische Dialektnuschler im deutschsprachigen Raum hätte seine wahre Freude an unserem Urberliner gehabt, der Moser Hans.

Dieser Tag in Wien klang 'draußen in Grinzing' gar nicht optimistisch aus, aber mit Schmelz stimmten wir ein in den Gesang der Lokalmatadoren: „Es wird a Wein sein, und mir wer'n nimmer sein..."

Während die Volksweise behauptet: „Du bist verrückt, mein Kind, du musst nach Berlin, wo die Verrückten sind, da jehörste hin", hat Robert Stolz seine Stadt etwas anders charakterisiert: „Wien, Wien, nur du allein, sollst stets die Stadt meiner Träume sein."

Wien ist nicht mit dem Verstand zu begreifen, nur mit dem Herzen. Um das Funktionieren unserer Herzen zu überprüfen, bin ich mit meiner Frau die 343 Stufen des Stephansdoms „hoch gerannt". Alles in Ordnung. „Pumperlgsund" sagen wohl die Wiener.

Der Traum eines jeden Schauspielers erfüllte sich auch mir: Einmal an der Burg... Am 11.7. 1996 betrat ich als einfacher Mann von der Straße durch die rechte repräsentative Feststiege, dem so genannten Kaisereingang, umgeben von Statuen und Büsten berühmter Darsteller, das Wiener Burgtheater.

Der staubige Duft des traditionsreichen Musentempels war noch kräftiger, denn Handwerker erneuerten die berühmten Bühnenbretter die die Welt bedeuten. Eine Theaterdramaturgin wies die Interessierten ein, der Intendant hatte Urlaub, aber Kaiserin Maria Theresia hatte alle Dar- und Selbstdarstellungen Peymanns einschließlich seiner Inszenierungen und Selbstinszenierungen vorweggenommen, als sie auf die Notwendigkeit eines Theaters angesprochen, antwortete: „Spektakeln müssen halt auch sein."

In einem Durchgangsland auf der Rückfahrt von Wien nach Berlin, hielt der Busfahrer „auf Probe" für kurze Zeit an einer schlimmen Kneipe. Die obligate Frage des Fahrzeuglenkers nach dem schnellen Reingehen, Gucken und Rausgehen: „Sind alle da?" beantwortete unser Urberliner mit der trockenen Bemerkung: „Freiwillig bleibt hier keener, wa!"

Die Zukunft war früher auch besser (Karl Valentin)

Alle noch so richtigen oder falschen Katastrophenmeldungen über die DDR relativieren weder noch setzen sie die Gesetze des Kapitalismus in all ihren Modifikationen oder Mutationen, egal ob sie Karl Marx, echte Nachfahren oder der gesunde Menschenverstand formuliert haben, außer Kraft oder hebeln sie aus.

Nicht nur Gottes Mühlen mahlen, auch und hauptsächlich die große kapitalistische Profitmühle mahlt und mahlt, auch wenn Apologeten und Vordenker dieser Gesellschaftsordnung uns weiß machen wollen, schicksalhafte und unerklärliche Dinge würden den Lauf der Welt steuern.

Karl Marx wurde zwar inzwischen „abgewählt", aber zitieren darf man ihn sicherlich noch. Vor mehr als hundertfünfzig Jahren schrieb er in seinem „Kommunistischen Manifest": „Die Bourgeoisie stellt sich die Welt, worin sie herrscht, natürlich als die beste Welt vor."

Als wahrer Optimist bin ich nicht überzeugt, dass alles gut gehen wird, aber ich bin überzeugt, dass nicht alles schief gehen wird.

Deshalb habe ich meinen Glauben an die Idee des Sozialismus auch noch nicht aufgegeben, diskussionswürdig ist sie allemal. Voraussetzung ist jedoch, die Gründe für das Scheitern dieser Gesellschaftsordnung in der DDR schonungslos bis ins Detail offen zu legen.

Eine Gesellschaftsordnung der Besserverdienenden, die gekoppelt ist mit dem finalen Tanz ums Goldene Kalb in einer Art Spielcasino, kann in dieser Welt unmöglich der Endpunkt der Entwicklung sein. Mit Begriffen wie Flexibilisierung und Globalisierung wird der Einfluss des Staates immer mehr zurückgedrängt und die Reichen werden reicher und die Armen werden ärmer.

Keine Regierung stellt sich mehr in den Weg, wenn die Besitzer der großen Geldscheine praktisch nicht genug bekommen. Die Verantwortlichen wissen es genau, aber sie denken nicht im Entferntesten daran, die möglichen Konsequenzen zu ziehen. Die einfache Frau und der einfache Mann von der Straße werden dem Markt oder der Nächstenliebe überlassen oder noch schlimmer, die globalen Strategen versprechen ihnen, in ihren morbiden Profitkreisläufen maximale Aktiengewinne.

Dass eine Gesellschaft sich immer mehr von einer humanen Ordnung entfernt, wenn die Verteilung nicht ein Mindestmaß an Gerechtigkeit widerspiegelt, scheint auch kaum einen zu interessieren, nicht mal die Tatsache, dass der immer größer werdende Unterschied zwischen Arm und Reich eine gefährliche Sprengkraft für die Gesellschaft darstellt. Soziale Gerechtigkeit zu fordern ist also nicht nur die Aufgabe einiger Rufer in der Wüste.

This is my way...

... ist sicher Blödsinn, aber selbst ein kleines Rädchen muss ein Resümee ziehen dürfen, auch wenn Erinnerungen natürlich immer etwas mit Hochstapelei zu tun haben und man sich wohl oder übel mit der Weisheit anfreunden muss: Alles war genau so, nichts ist genau so gewesen.

Wir lebten in der DDR und leben jetzt im vereinten Deutschland in der besten aller Gesellschaftsordnungen, wenn das kein Humor ist?! Dieser Satz kann gar nicht missverstanden werden, denn zu allen Zeiten behaupten die Staatslenker von sich, allein den „einzig richtigen" Weg zu kennen.

Ich bin dankbar und ich halte es für angebracht, auch ein bisschen demütig zu sein. Mit dem Abstand von heute, sehe ich alles viel gelassener. Ich habe in den letzten Jahren viel über mich gelacht, man ist komischer als man glaubt, und wer möchte sich schon das Leben durch zu großen Ernst verscherzen. Man kann sich zwar den ganzen Tag aufregen, aber verpflichtet ist man dazu nicht. Wie sagt Pater Brown: „Humor ist eine Erscheinung der Religion, nur wer über den Dingen steht, kann sie belächeln."

Ich werde mich in Zukunft wieder auf das vor mir liegende und schwer zu bezwingende weiße Papier konzentrieren und die folgenden geistreichen Worte mit Leben erfüllen. Gerne hätte ich diese Weisheiten selbst erdacht, aber sie stammen von George Bernhard Shaw: „ Das ist die wahre Freude im Leben: Für einen Zweck gebraucht zu werden, den man selbst für groß hält; alles gegeben zu haben, ehe man zum alten Eisen gehört; eine Naturgewalt zu sein statt ein ständig leidendes Häufchen Elend, das sich darüber beklagt, dass die Welt nicht alles daransetzt, einen glücklich zu machen."